中国企业数据资源入表的
理论与实践探索研究

宋晓敏　著

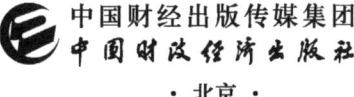

中国财经出版传媒集团
中国财政经济出版社
·北京·

图书在版编目（CIP）数据

中国企业数据资源入表的理论与实践探索研究 / 宋晓敏著. -- 北京：中国财政经济出版社，2025. 1.
ISBN 978-7-5223-3598-8

Ⅰ. F279.23

中国国家版本馆CIP数据核字第2025QN7839号

责任编辑：葛　新　　　　　　责任校对：徐艳丽
封面设计：孙俪铭　　　　　　责任印制：史大鹏

中国企业数据资源入表的理论与实践探索研究
ZHONGGUO QIYE SHUJU ZIYUAN RUBIAO DE LILUN YU SHIJIAN TANSUO YANJIU

中国财政经济出版社 出版

URL：http://www.cfeph.cn
E-mail：cfeph@cfeph.cn

（版权所有　翻印必究）

社址：北京市海淀区阜成路甲28号　邮政编码：100142
营销中心电话：010-88191522　编辑部门电话：010-88190640
天猫网店：中国财政经济出版社旗舰店
网址：https://zgczjjcbs.tmall.com
北京厚诚则铭印刷科技有限公司印刷　各地新华书店经销
成品尺寸：170mm×240mm　16开　15.25印张　212 000字
2025年1月第1版　2025年1月北京第1次印刷
定价：68.00元
ISBN 978-7-5223-3598-8
（图书出现印装问题，本社负责调换，电话：010-88190548）
本社质量投诉电话：010-88190744
打击盗版举报热线：010-88191661　QQ：2242791300

前　言

当前，数据资源在战略资产中的重要性日益凸显。国际社会通过相关政策将数据资产化和企业战略发展深度融合，以适应数字经济时代的发展需求。中国同样通过推动数据要素市场化，将数据资源确立为新的生产要素，明确了数据资源在数字经济中的重要作用。尽管数据资源作为重要的无形资产，具有潜在的市场价值，但是如何科学地将其纳入财务报表，并进行有效的确认、计量和披露，仍然是一个亟待解决的难题。同时，随着《企业数据资源相关会计处理暂行规定》的出台，企业在管理和使用数据资源方面也迎来了新的机遇与挑战。因此，本书从理论和实践两个层面探讨了数据资源入表的操作框架和具体路径，探索了这一过程对企业数字化转型、财务管理及市场价值的影响，揭示了其在法律、经济、会计等领域的重大意义，能为数据资产化的未来发展提供指导。

本书的研究内容如下：首先，系统梳理了数据资源入表的理论基础与发展背景，分析了国内外相关政策和会计准则的最新变化。通过对数据、数据要素、数据资产、数据资本等核心概念的深入分析，明确了数据资源入表在财务领域中的定位和操作框架。其次，结合典型案例，详细介绍了不同类型企业在数据资源入表方面的具体实践，展示了上市公司、城投公司和非上市民营企业在数据资产确认、分类、计量及披露方面的差异化操作。同时，通过对这些案例的分析，总结了企业在数据资源入表过程中遇到的常见问题，并提出了相应的解决方案。再次，探讨了数据资源入表对企业财务透明度、市场估值及竞争力提升的实际效果。最后，展望了未来数据资源入表的发展趋势，分析了政策、技术与市场环境的变化对数据资产化进程的推动作用，提出了完善数据资源入表标准化操作的建议。

本书的贡献在于：第一，本书构建了系统化的数据资源入表理论框架，为数据资产的确认、计量和披露提供了理论支持。以往的研究大多聚焦于传统无形资产的会计处理，然而，数据资源作为新型生产要素，具有非稀缺性、非消耗性等独特特性，难以完全套用现有的会计准则。本书通过分析数据资源的经济属性，提出了更加适合其特性的确认和计量方法。第二，本书通过丰富的企业案例，揭示了数据资源入表的实际操作路径，为不同类型的企业提供了可操作的参考范例。这些案例涵盖了上市公司、城投公司及非上市民营企业，展示了数据资源在不同企业中的具体应用及其对财务管理的影响。第三，本书深入分析了数据资源入表过程中可能面临的障碍，提出了应对这些障碍的策略，并展望了未来数据资源资本化的前景。

随着大数据、人工智能等技术的迅速发展，数据资源的经济价值将进一步凸显，本书的研究成果能为政策制定者和企业管理者提供理论依据和实践参考，也可为中国数字经济的高质量发展提供重要支持。

宋晓敏
2024 年 11 月

目　　录

第1章　引言 ……………………………………………………（ 1 ）
  1.1　数据资源入表背景 …………………………………（ 1 ）
  1.2　研究目的与意义 ……………………………………（ 5 ）
  1.3　数据资源入表的相关概念与定义 …………………（ 6 ）
  1.4　数据价值转化路径 …………………………………（ 12 ）

第2章　数据资源入表现状 ……………………………………（ 14 ）
  2.1　数据资源入表的定义与价值 ………………………（ 14 ）
  2.2　上市公司数据资源入表现状 ………………………（ 16 ）
  2.3　非上市公司数据资源入表现状 ……………………（ 23 ）

第3章　数据资源入表的理论基础 ……………………………（ 32 ）
  3.1　数据作为新型生产要素的理论背景 ………………（ 32 ）
  3.2　数据资产化的经济学原理 …………………………（ 40 ）

第4章　数据资源入表的法规框架 ……………………………（ 49 ）
  4.1　数据要素市场的培育 ………………………………（ 49 ）
  4.2　数据合规与确权的法律探讨 ………………………（ 52 ）
  4.3　财政部关于《企业数据资源相关会计处理暂行规定》
      的解读 ………………………………………………（ 56 ）

4.4 数据交易与安全的法规框架 …………………………………（61）
4.5 数据评估与管理的法规框架 …………………………………（65）

第5章 数据资源入表的前期准备 ……………………………………（72）
5.1 数据资源入表的参与主体 ……………………………………（73）
5.2 数据合规与确权 ………………………………………………（77）
5.3 数据治理 ………………………………………………………（83）
5.4 数据资产评估 …………………………………………………（90）

第6章 数据资源入表的确认、计量和报告 …………………………（102）
6.1 数据资源入表的会计核算流程 ………………………………（102）
6.2 数据资源的会计确认与计量 …………………………………（105）
6.3 数据资源的列示与披露 ………………………………………（116）

第7章 数据资源入表后的管理与评价 ………………………………（123）
7.1 数据资产的价值挖掘 …………………………………………（123）
7.2 数据资产的安全与风险管理 …………………………………（127）
7.3 数据资源入表质量评价 ………………………………………（133）

第8章 数据资源入表后的应用 ………………………………………（142）
8.1 数据交易平台的搭建与运营 …………………………………（143）
8.2 数据资产与金融市场的深度融合 ……………………………（153）

第9章 数据资源入表的案例分析 ……………………………………（162）
9.1 中国南方电网 …………………………………………………（162）
9.2 阿里巴巴 ………………………………………………………（168）
9.3 中国移动 ………………………………………………………（173）
9.4 山东高速集团 …………………………………………………（175）

9.5　存货与无形资产辨析 ………………………………………… (178)

第 10 章　数据资源入表的实施难点与应对策略 …………………… (184)
　10.1　数据资源入表的问题和挑战 ………………………………… (184)
　10.2　应对策略与改进建议 ………………………………………… (193)

第 11 章　研究结论与未来展望 ……………………………………… (200)
　11.1　研究结论 ……………………………………………………… (200)
　11.2　数据资产化的未来趋势 ……………………………………… (201)

参考文献 ……………………………………………………………… (209)

第1章

引 言

1.1 数据资源入表背景

在当前数据资源被视作战略资产的大背景下,国际社会纷纷出台政策,强调数据的重要性,并将其作为国家战略资产进行管理,以适应数字经济时代的发展需求。与此同时,数据要素在我国的地位和作用也得到了显著提升,为了实现数据资源价值最大化,政府及相关行业从业者从政策制定到市场实践都在不断推动着数据要素市场的发展。在国际背景与国内背景的交织下,我们正面临着数据资源入表的新挑战和新机遇。

1.1.1 国际背景

2015年,英国发布的《2015年公共部门信息再利用条例》强调了信息作为战略资源的重要性,并要求公共部门机构基于资产方法来管理数据资源。2018年,新西兰发布的《政府数据策略和路线图2018》表明,数据作为基础设施,具有"资产"特征,能够创造经济和社会价值。2019年,美国发布了《联邦数据战略与2020年行动计划》,确切指出数据是国家重要的战略资产。2021年，英国国防部发布的《国防数据战略》进一步明确了国防数据资源管理的主要业务环节与责任机构。

在这种国际背景下，国际会计准则理事会开始关注《国际会计准则第38号——无形资产》的适用性问题。随着数字经济时代的到来，现行的《国际会计准则第38号——无形资产》已难以适应经济发展的需求。企业大量无形资产未能"入表"，影响了财务报告的可靠性，同时大量研究开发支出费用化导致绩效指标严重扭曲（徐涛等，2022）。为此，国际会计准则理事会在2022年启动了《国际会计准则第38号——无形资产》的修订工作。首先，国际会计准则理事会将致力于解决无形资产的确认难题，目的是使更多的无形资产能够被纳入财务报表中进行核算，从而更全面地反映企业的价值。其次，国际会计准则理事会已经认识到某些无形资产的价值具有不确定性，现行准则中对这部分无形资产成本不予确认的规定可能不再合理，未来将会放宽对研究开发费用资本化的限制。

欧洲财务报告咨询组（EFRAG）也在此背景下于2021年8月发布讨论稿《提供更好的无形资产信息——哪种方式最好？》，提出了对现行《国际会计准则第38号——无形资产》的担忧，并突破传统定义范围，提出了新的分类和信息披露方法。其中，无形资产包括以下三类：第一类是所有权明确且受企业控制的无形资产，如商标、专有技术、数据库等；第二类是受企业控制但所有权不明确，且市场尚不存在或弱势市场中的无形资产，如商业秘密、非专利技术等；第三类是企业无法控制且市场不明确的无形资产，如技能和经验、政府关系、供应商关系等。信息披露方法分别为：一是对于符合确认标准的无形资产，在财务报表中进行确认和计量；二是在财务报表附注或管理层报告中披露特定无形资产信息；三是在财务报表附注或管理层报告中披露与未确认无形资产相关的成本、潜在机会和风险等信息。欧洲财务报告咨询组（EFRAG）提出的将无形资产分为三类的划分方法，以及针对这三类无形资产提供信息的具体做法，为那些在传统财务报表中难以清晰列示的无形资产类别提供了明确的界定和标准化的框架。

这些发展趋势表明,《国际会计准则第 38 号——无形资产》在国际上即将迎来深刻的变革。这些变革将为数据资产的确认、计量和披露提供新的指导原则和方向。随着数据资产在企业发展中的作用日益凸显,未来新修订的会计准则将致力于提供更加精确的评估方法和数据报告机制,旨在帮助企业更全面地理解和量化数据资产的内在价值,进而为股东、债权人以及其他利益相关者揭示更为透明和详尽的财务信息。

1.1.2 国内背景

自 2019 年起,我国在数据要素领域实现了重大突破。党的十九届四中全会首次将数据列为与劳动、资本、土地、知识、技术和管理同等重要的位置,成为关键的生产资源,这标志着数据已成为一个具有当代特色的新型生产要素。2020 年 3 月,中共中央、国务院印发了《关于构建更加完善的要素市场化配置体制机制的意见》,旨在加快培育数据要素市场,促进政府数据的开放和共享,提升社会数据资产的价值,同时加强对数据资源的整合及安全保护。2021 年 3 月,《中华人民共和国国民经济和社会发展第十四个五年规划和 2035 年远景目标纲要》将"加快数字化发展,建设数字中国"作为未来工作目标及行动重点,明确提出要充分发挥海量数据资源和丰富应用场景的独特优势,推动数字技术与实体经济的深度融合,实现传统产业转型升级,进而催生新产业、新业态、新模式。2022 年 12 月,中共中央、国务院印发了《关于构建数据基础制度更好发挥数据要素作用的意见》(以下简称"数据二十条"),其围绕数据产权、流通交易、收益分配、安全治理等关键领域,初步搭建了我国数据基础制度的政策框架。2023 年 3 月,中共中央、国务院印发的《党和国家机构改革方案》提出,组建国家数据局,由国家数据局负责协调推进数据基础制度建设,统筹数据资源整合共享和开发利用,规划并建设数字中国、数字经济、数字社会。2023 年 8 月,财政部发布了《企业数据资源相关会计处理暂行规定》,要求所有企业严格遵循既定的会计准则和法规,深入分析数据资源的实际用途、生产过程、商业模式以及它们与经济效益之间的关联方式，对涉及数据资源的交易和事项执行会计确认、计量和报告。这标志着企业数据资源入表事宜正式提上日程。2023年9月，在财政部指导下，中国资产评估协会制定了《数据资产评估指导意见》，为数据资产的价值评估提供了明确的方法和方向，促进了市场主体对数据资源入表的探索。2023年12月，国家数据局等17部门联合印发了《"数据要素×"三年行动计划（2024—2026年）》，旨在通过"数据要素×"行动，推动数据要素与劳动力、资本等其他生产要素的协同，促进数据在多场景下的应用和多主体的复用，加快多元数据融合，培育经济发展的新动能。这一系列政策的出台体现了我国对数据要素价值的深刻认识和对数据驱动未来经济增长的坚定决心。

在数字化浪潮中，数字经济正成为重组要素资源，支撑社会发展的核心力量，而数据则是数字经济发展的关键要素。《中国数字经济发展研究报告（2024年）》显示，2023年，我国数字经济规模达到53.9万亿元，较上年同比增长7.4%，高于同期GDP名义增速2.76个百分点，已连续12年显著高于同期GDP增速，占GDP比重达到42.8%，较上年提升1.3个百分点，其对GDP增长的贡献率达66.45%，凸显了数字经济在稳定和推动我国经济增长中的重要作用。而随着大数据、云计算、人工智能等技术的深入应用，使得我国数据资源规模进一步扩大，质量逐步提升，为各行各业注入了新的活力。至2023年底，我国数据生产总量攀升至32.85ZB，同比增长22.44%，同时，数据存储总量达到了1.73ZB。在此基础上，数据要素市场日趋活跃。全国已有数十个省市上线公共数据运营平台，有20多个省市成立了专门的数据交易机构。广东、山东、江苏、浙江的数据交易机构数量位居全国前列，进一步促进了数据要素市场的活跃度。

结合国际和国内背景，我们可以看到《国际会计准则第38号——无形资产》的修订、相关政策的发布和数据要素市场的蓬勃发展，不仅是会计领域的重大变革，更是适应数字经济时代发展的必然选择。这一变革将为投资者和利益相关者提供更加透明、准确的财务信息，同时为企业数据资产的价值评估、管理和利用提供更加科学合理的指导。随着相关政策和技术的不断完善,我们有理由相信,数据资产将在推动全球经济增长和社会进步中发挥更加重要的作用。

1.2 研究目的与意义

第一,本书深入研究和系统构建了数据资源入表的理论框架。在信息时代,数据资源的管理和应用已经成为各个领域关注的焦点,而数据资源入表作为其中的关键环节,亟须一套完整、科学的理论体系来指导实践。因此,本书旨在明确数据资源入表的相关概念,从而在理论上得到清晰界定,以便在实际操作中有所遵循。同时,本书详细阐述了数据资源入表的基本原理,探讨了其内在规律和运作机制,为理论框架的构建奠定了坚实基础。此外,本书还着重介绍了数据资源入表的具体方法,包括前期准备工作、入表的具体操作流程、入表后的管理与评价问题,旨在为数据资源的有效入表提供全方位的理论支持。我们希望本书的研究成果能为数据资源的规范化、高效化入表提供坚实的理论基础,从而推动数据资源的深入开发和广泛应用。

第二,本书深入剖析了数据资源入表的实践环节。在数据管理领域,对企业的数据资产进行会计处理,已经成为将数据资产纳入资产负债表的关键,也被越来越多的企业经营管理者和投资者所关注。结合数据资源入表的基础理论,通过对数据资源入表的成功案例中企业对数据资产的确认、计量和披露方法进行分析和经验总结,进行示范性处理,为其他企业甄别、确认、计量和报告数据资产提供了一套清晰、实用的操作路径。

第三,本书综合研究了数据资源入表理论基础与实际案例,旨在全面分析数据资源入表过程中可能遇到的主要障碍。通过对这些障碍的细致剖析,进一步揭示了数据资源入表流程中的难点和痛点,并提出了切实可行的应对策略和改进建议,进而帮助企业优化数据资源入表流程,提升数据管理的整体效能，帮助企业在实际操作中预见并规避潜在风险。此外，本书还致力于提出创新性的思路和方法，以推进数据资源入表进程和数据资产化发展为目的，探讨了数据资产化的未来趋势及其对企业战略的影响，以期为政策制定者提供前瞻性的策略和建议。

1.3 数据资源入表的相关概念与定义

1.3.1 数据

通常，数据是指原始数据，是记录事实的结果，用来描述事实的未加工的素材，是信息的数字化载体。国际标准化组织（ISO）对数据的定义揭示了其核心功能，即"以适合于通信、解释或处理的正规方式来表示的可重新解释的信息"。2021年颁布的《中华人民共和国数据安全法》进一步明确了对数据的界定，其将数据定义为"任何以电子方式或者其他方式对信息的记录"。中国信息通信研究院（2021）的观点与此相辅相成，认为数据是对事物的记录或描述，具有客观性和无序性。而"数据"既包括离散性的符号、文字等"数字"即数字数据，也包括声音、图像等模拟形式存在的模拟数据。无论数字数据，还是模拟数据，两者皆以"0—1"二进制的数字化形式表示。

1.3.2 数据要素

数据的要素化具有时代必然性。从历史的角度审视，农业经济时期到工业经济时期，核心生产要素由最初的土地和劳动力到资本和技术，皆与当时的时代特性和所拥有的资源紧密相关。在当前数字经济时代，数字技术的快速发展促进了数据的产生、分析与储存，使得数据成为具有劳动对象属性的关键生产要素。

所谓数据要素，指的是在市场主体进行生产经营活动中，可被利用以投入生产并创造经济社会价值的数据及其衍生形态。数据要素化的进程涉及将无法直接参与生产的数据通过归集、清洗、整理、加工、提炼和应用等一系列操作，转化为能够参与社会化大生产并释放价值的生产要素。数据要素与数据的区别在于数据要素强调使用价值，即数据要素不能直接等同于数据。并且由于依附性，在生产经营过程中数据要素必须与其他生产要素相结合，才能在社会化大生产中发挥其作用。

1.3.3 数据资源

"数据资源"这一术语最初于1968年在管理学领域被正式提出。到了1998年，Levitin及其同事对数据的多种属性进行了详尽探讨，其目的在于指导企业如何将数据有效地转化为业务管理的重要资源。关于数据资源的定义，可分为狭义与广义两个层面。在狭义层面，数据资源指的是企业在日常运营中所积累的各类数据，如客户资料、客户行为模式等。在广义层面，数据资源不仅包括这些基础数据，还包括支撑数据管理的计算机系统和通信技术，覆盖了数据的生成、处理、传播和交换的完整生命周期。因此，数据资源不仅包含原始数据，也包含了数据经过处理和分析后所衍生出的信息和能力。可用于特定目的或价值创造的数据，是能够同时满足"质"和"量"两个特点的数据，其中"质"按照中国信息通信研究院的解释可定义为能够参与社会生产活动，能为所有者或使用者带来经济效益。当前，数据资源既可在企业内部生成，也可来自外部环境。企业内部生成的数据资源，无疑包含了数据及其产生的全部过程，而企业通过外部获得的数据资源，可能仅涉及数据本身，或者扩展至包括计算机和通信技术的整体解决方案。数据资源不一定只是数据，但数据一定属于数据资源，即数据是数据资源的子集。

1.3.4 数据产品

数据产品以数据为核心内容和服务，涵盖了从数据采集、预处理、存储和管理、挖掘和分析到展现的全域价值链。这种产品不仅包括数据资源本身，还包括了用于处理和分析数据的工具和服务，如数据可视化和大数据应用平台。数据产品的构成要素包括数据资源、数据算法模型和终端服务，它们共同作用，以解决客户难题或特定的业务问题，实现数据的价值。作为一种"数据容器"，数据产品的设计和交付基于不同的应用场景需求，其流通和运作能够增大数据要素的乘数效应，激发新的生产力，并为企业和用户带来直接的经济效益。数据产品的本质在于其信息内容的稀缺性，它通过对动态和多元化的海量数据进行深入分析，生成符合特定要求的信息产品，用于分析事物特性、预测未来趋势，并辅助决策过程。数据产品化不仅促进了数据资产的积累和优化，而且通过持续的迭代升级完善了产品的功能和性能，能为用户提供更加精准、有效的服务。

1.3.5 数据资本

数据资本是以信息网络和数据库等为载体，通过对数据资产的策略性利用，整合内部数字应用能力和外部数字技术资源，以自身为中介连接所有要素，将数据资产转化为具有商业价值的资本形态。这个转化包括对原始数据进行资源化、产品化、资产化的锤炼，使其增强作为数据资产的金融特性，从而提高了在金融市场上的交易和投资价值，并在多种应用场景中实现价值增值。

1.3.6 数据资产基本概念及特征

1. 概念

数据资产的定义是在数字化、网络化、智能化等各个发展阶段中逐步形成的，伴随着数字技术、数字经济的发展进程逐渐发展成熟。其源头可追溯到1974年，美国学者Richard Peterson率先提出将企业持有的可证券化的金融产品定义为数据资产。尽管该定义在当时的背景下显得较为局限，但它标志着数据资产理念的首次提出。随着信息技术的不断演进，对数据资产的定义及其内涵的探讨持续深入。2009年，Tony Fisher在《数据资产：管理商业成功的数据》一书中肯定了数据资产在推动经济增长中的重要作用，建设性地提出应将数据资源视为资产并纳入会计确认体系，以便从财务报告中体现其经济效应。

现有研究对数据资产定义的探讨形成了以下三种主要观点：

第一，从内在属性来看，数据资产是指拥有数据权属、有价值、可计量、可读取的网络空间中的数据集。

第二，从会计领域来看，数据资产定义侧重于其作为资产能够被认定的关键条件，包括所有权、预期收益以及价值计量等问题。

第三，从国民经济核算来看，数据资产是指那些在生产过程中被长期使用或拥有，并且具有明确使用价值，能够带来利益的数据资源。

在此基础上，我国对数据资产的认识也在不断深化。近年来，我国对数据资产的定义主要源于会计体系中对资产定义的扩展和演化，《企业会计准则——基本准则》指出，资产是指企业过去的交易或者事项形成的、由企业拥有或者控制的、预期会给企业带来经济利益的资源。随着数字经济的发展，数据资产的概念逐渐被扩展。2021年，中国信息通信研究院在原有基础上增加了数据资源的记录属性，进一步完善了对数据资产的定义，其将数据资产定义为"以电子方式或物理方式记载，被企业拥有和控制，可在未来给企业带来经济利益的数据资源"。但部分学者提出了不同的观点，认为数据资产并非完全被拥有或控制后才可实现价值，而"数据二十条"中提出的"三权分置"也支持了这一观点，表明数据资产的价值可通过单项权力的行使实现价值。

综上所述，虽然现有研究关于数据资产的概念尚未达成共识，但均认为数据资产应具有以下三个方面的内涵：一是数据资产应具有明确划分的权属关系；二是数据资产能够产生经济利益和社会效益；三是数据资产可作为一种资源进行交易。

2. 特征

（1）非实物性。数据资产与传统资产最本质的区别在于其无实物形态。这一特性使得数据资产的存储、传输和处理效率大幅提升，并且在交易时不受地理位置的局限,从而显著提高了企业的价值。然而,这也意味着传统的实物估值方法难以直接应用于数据资产。

(2)非消耗性与增值性。与有形资产不同,数据资产在使用过程中不会发生损耗,反而会随着数据量的积累而增值。数据资产的使用可以产生新的或派生的数据资产,而原有数据资产不会因此减少。此外,数据资产的复制和传播边际成本几乎为零,主要成本集中在前期数据读取和研究开发阶段。

(3)非竞争性与共享性。在权限可控的前提下,同一份数据资产可由多个用户或实体同时访问和使用,且不会相互干扰或冲突。这种特性使得数据资产可以被无限制地复制和共享,为多方提供价值。

(4)价值易变性。数据资产的价值具有不确定性和多变性。同一数据资产可以被不同的数据需求者从多角度、多层次挖掘应用,其价值受限于与自有数据的交互使用和业务内容的兼容集成程度,同时还会受到资产本身所属种类、使用对象及目的等因素的影响。同时,数据本身所具有的时效性也可能导致数据资产随时间推移逐渐失去价值,或被新数据取代。

1.3.7 相关概念辨析

1. 数据资源与数据资产

马克思认为,资源是指自然界和人类社会中的客观存在形态,而劳动、土地、技术以及资本等重要资源,随着不同发展阶段的生产需求,已成为关键的生产要素。可以说,资源就是生产要素。狭义来说,数据资源即为数据作为生产要素的一种存在形态,而数据资产即为在会计领域可经过识别确认的数据资源,是能够为会计主体带来价值的数据资源。因此,符合特定条件的数据资源既可以是数据要素,也可以是数据资产,但并非所有的数据资源都能被确认为数据资产,并且数据资产是另一个维度的概念,不能与生产要素混为一谈。

"数据资源"和"数据资产"两个概念的共同之处在于均要求数据具有使用价值。两者的不同之处在于:

第一，数据来源不同。数据资源涵盖的数据范围更广，用于生产过程中的各类数据皆可成为经济学意义上的数据资源，但数据资产在此基础上还进一步强调了权属关系、经济利益和社会效益问题。

第二，价值内涵不同。数据资产强调能够带来预期经济利益流入，侧重于价值的实际转换和实现，但数据资源则更加强调数据的客观存在形态，侧重于数据的潜在价值。

2. 数据资产与数字资产

2022年3月，美国总统拜登签署行政命令：《确保负责任地开发数字资产》（Ensuring Responsible Development of Digital Assets），该行政命令认为，数字资产不仅包含加密货币、加密数字货币等加密资产，还包括央行数字货币等资产。因此，当前通常认为数字资产是指以数字形式存在的、具有一定价值的资产，这些资产包括但不限于数字货币、数字版权、数字艺术品以及虚拟房地产等。

数据资产（data assets）和数字资产（digital assets）这两个概念的应用均较为广泛且易被混淆。早期学者对这两个概念未进行明确区分，但随着研究的深入，它们的界限逐渐清晰。它们之间的主要差异体现在以下两个方面：

首先，形态与性质不同。数字资产是基于密码学原理构建的，以加密代码或非同质化代币等形式存在于区块链或分布式账本上的具体资产，具有明确的所有权和价值，能够在线上无缝流通并进行点对点交易。相比之下，数据资产是以数据为载体的信息资源，其价值依赖于数据的质量、相关性和分析利用的能力。

其次，价值体现方式不同。数字资产本身具有直接的货币价值或所有权价值，其价值主要体现在市场交易价格或使用价值上。而数据资产的价值则更多地体现在通过数据挖掘、分析和利用来支持企业决策和运营能力上。这种差异导致数字资产更适合作为交易投资品，而数据资产则更侧重于支撑企业的运营与发展。

1.4 数据价值转化路径

实现数据价值的释放,需要经历一系列过程,包括初始的数据治理、数据资源的确权、数据资源的入表以及数据资产评估、数据资产交易与管理等活动。这一过程不仅体现了数据形态的演进,也映射了数据价值的转化路径。具体而言,数据的形态演进与价值转化路径具有动态一致性,表现为数据以"原始数据—数据资源—数据产品—数据资产—数据资本"的形态演进。这一过程从初始数据资源化起步,逐步实现数据资源产品化、数据产品资产化,最后实现数据资产资本化。

1.4.1 初始数据资源化

数据资源化的核心在于企业通过整合劳动力和技术等关键要素,对原始数据进行深入处理和转化。这一过程涉及将散乱的数据转化为具有明确结构的信息资源,使得数据具备了可利用的价值。本质上,这是将数据的原始状态升级为能够提供洞见和支持决策的有用信息,进而激活数据的潜在价值,为企业的创新发展提供动力。在这一过程中,数据中台的建设能够提高数据治理效率,打破"数据烟囱",是企业打造数据治理体系的有力支撑。企业可以通过独立的数据中台或寻求专业服务,提高数据的规范性,并对包含敏感信息的数据进行脱敏处理,定期检查数据安全,防止数据泄露或损失。完成数据治理后,企业应根据国家标准对数据质量进行评价,确保数据资源的准确性、一致性与可用性。

1.4.2 数据资源产品化

数据资源产品化是指企业根据具体应用场景,将数据资源归集为数据产品,并认定法律权属的过程。数据确权是数据要素有效配置的前提,也是企业数据资源价值释放的基础。企业数据的价值创造依附于具体应用场景，通过数据产品化，企业可以提高数据的具象化程度，有利于实现数据资源权属的认定。企业应根据"数据二十条"提出的"三权分置"数据权属机制，申请登记数据知识产权，完成数据产品的权属认定。

1.4.3 数据产品资产化

数据产品资产化是从会计学角度出发，通过数据产品将数据资源归集确权，从而核算其账面价值，确认数据资产，并以资产形式披露于财务报告的过程。企业依据会计准则核算数据产品价值，将生产或开发数据的相关支出进行资本化处理，能体现数据资源的未来价值。数据资产的相关信息披露能够降低企业间的信息不对称，加快数据要素市场化进程。

1.4.4 数据资产资本化

数据资产资本化是指将数据资产通过市场化的手段，实现其在不同企业、行业和地域间的流通与应用，同时结合企业内部的数据评估、交易与管理，提升数据资产的价值并转化为实际的资本收益。这一概念强调了数据资产从单一企业的内部资源，到具有广泛社会价值和经济效益的数据资本的转变过程。

在转变过程中，数据资产不仅作为一种资源或资产存在，而且通过社会化配置和企业管理策略，在以下几个方面能发挥重要作用：

首先，通过市场机制促进数据的流动和融合，打破数据孤岛，实现数据资产的多场景应用和增值。

其次，企业需要对数据资产进行全面评估和管理，包括价值评估、投融资决策以及运营优化，确保数据资产能够发挥最大的效用。

最后，数据资产资本化的目的是确保数据流向能够创造最大价值的地方，从而最大化其经济效益和社会效益。

第 2 章

数据资源入表现状

2.1 数据资源入表的定义与价值

2.1.1 数据资源入表定义

数据资源入表是将符合相关会计准则的数据资源进行价值评估，以资产的形式纳入财务报表中进行管理和计量的行为，从而使得企业数据资源以会计科目和货币化形式呈现，形成规范的数据资产开发、运营和管理体系，提升企业数据治理能力。

从《企业数据资源相关会计处理暂行规定》的适用范围看，两种类型的数据资源可以推进入表：第一种是满足资产确认条件，可以确认为无形资产或存货的数据资源，可以纳入资产负债表；第二种是不满足资产确认条件，但企业拥有或控制、预期能给企业带来经济利益流入的数据资源，可以在企业财务报告中予以披露。从数据资源的来源看，企业可能通过公共数据授权、自身运营产生、交易市场采购等多种渠道获得数据资源，因此，推进以数据分类分级确权授权制度为基础的数据资源入表，是有效提高数据要素市场化流通效率，促进数据使用价值充分释放的起点。

2.1.2 数据资源入表价值

1. 微观层面

第一，改善企业资产负债结构，提升企业整体估值。数据资源入表将会提升企业会计信息质量和真实性，将企业数据的价值科学、量化地在财务报告中进行反映，系统性量化数据资源为企业带来的收益和未来预期收益，从财务角度和业务角度全面提升相关公司的估值。

第二，提升企业数据管理能力，促进企业数字化新业务拓展。数据资产入表的过程，可帮助企业摸清数据家底，以数据资源入表为抓手，科学、持续、系统地管理企业数据，有助于形成以数据要素为核心的企业经营决策方式，提升数据资产的价值应用空间，从而进一步促进企业围绕数据资产设计并开展相关业务和商业模式，加快释放数据资产金融属性。

2. 中观层面

第一，促进数据流通使用，实现按市场贡献分配的需要。建立数据资源入表机制有利于提升企业数据资产意识，有效激活数据市场供需主体的积极性，增强数据流通意愿，有效减少"死数据"，为数据深度开发利用提供动力。同时，数据只有进行科学有效的核算计量，才可能基于市场的原则进行分配，即数据会计核算体系是实现按市场贡献分配的前置条件，是实现数据要素市场化配置的关键所在。

第二，培育数据产业生态，赋能数字化转型与产业升级。建立数据资源入表机制能够有效带动数据采集、清洗、标注、评价、资产评估等数据服务业发展，同时有效引导数据要素流动，深化数字技术创新应用，从而加速赋能各主体数字化转型和产业升级，营造繁荣发展的数字生态。

3. 宏观层面

第一，提升国家数据治理能力，推动新型政府建设。通过规范化的数据资源入表流程，政府能够更有效地管理和利用公共数据资源，提高政策制定和执行的精准度。这不仅有助于优化资源配置,还能加强宏观经济监测和预警,为政府决策提供科学依据。此外,数据资源入表将激活数据资产的交易和利用,提升政府数据资产的运营和变现能力,为地方财政转型提供新方案,即为探索从传统的"土地财政"向"数据财政"转型提供新路径。

第二,释放数字经济潜力,推动经济高质量发展。数据资源入表通过量化数据资产,使得数据的经济价值得到认可和利用,从而引导资源向数据驱动型经济倾斜,充分发挥数字经济的潜力,为数字经济发展提供新动能。此外,数据资源入表还能激发各行各业创新活力,推动新技术、新业态、新模式的快速发展,为经济增长注入新动力。

2.2　上市公司数据资源入表现状

2.2.1　上市公司数据资源入表情况概览

根据 2024 年第一季度的公开财务报告结果,截至 2024 年 6 月初,A 股上市公司中有 25 家公司对外公布了自身数据资源纳入报表的具体情况。公开披露数据资源的 25 家上市公司中有 7 家上市公司由于 2024 年报表格式更新等问题重新修正了财务报告,并将有关数据资源事项进行了删除,剩余 18 家上市公司则皆在财务报告中公布了数据资源相关情况,并分别将其计入了无形资产、开发支出以及存货科目。

表 2 - 1 为 18 家上市公司数据资源入表情况。其中,计入无形资产的数据资源入表金额为 7 900 万元,计入开发支出的数据资源入表金额为 1 800 万元,计入存货的数据资源入表金额为 600 万元,18 家上市公司数据资源入表总计金额 10 323.68 万元。从表 2 - 1 可以看出,我国上市公司在数据资源入表方面仍处于初期探索阶段。

表 2-1　　　　　　　18 家上市公司数据资源入表情况

序号	名称	2024 年第一季度总资产（万元）	数据资源入表金额（万元）	数据资产占总资产比例	入表科目
1	恒信东方	190 300	2460.33	1.2929%	无形资产
2	航天宏图	631 700	1717.25	0.2718%	无形资产
3	每日互动	185 400	1283.69	0.6924%	无形资产
4	卓创资讯	98 400	940.51	0.9558%	无形资产
5	中远海科	280 100	902.06	0.3221%	无形资产
6	海天瑞声	81 900	689.68	0.8421%	存货
7	拓尔思	371 100	628.00	0.1692%	开发支出
8	美年健康	1 851 900	545.98	0.0295%	开发支出
9	开普云	191 700	437.97	0.2285%	无形资产、开发支出
10	博敏电子	826 500	181.76	0.0220%	无形资产
11	佳华科技	117 800	171.13	0.1453%	开发支出
12	南钢股份	7 325 600	117.47	0.0016%	无形资产、开发支出
13	平安电工	211 900	78.33	0.0370%	无形资产
14	中文在线	177 900	44.91	0.0252%	无形资产
15	中交设计	2 688 700	38.28	0.0014%	无形资产
16	山东高速	15 341 100	36.48	0.0002%	无形资产
17	青岛港	6 086 900	25.85	0.0004%	无形资产
18	浙江交科	6 474 700	24.00	0.0004%	开发支出
	数据资源入表金额总计		10 323.68		

2.2.2　上市公司数据资源入表情况分析

1. 数据资源入表会计科目分布

截至 2024 年 6 月初，披露数据资源入表信息的 18 家上市公司中，有 11 家上市公司将数据资源计入无形资产科目，有 4 家上市公司将数据资源计入开发支出科目，有 2 家上市公司将数据资源计入无形资产和开发支出科目，有 1 家上市公司将数据资源计入存货科目。

表2-2为13家上市公司数据资源计入无形资产科目情况。从表2-2可以看出，13家上市公司计入无形资产科目的数据资源金额总计7 866.4万元，有5家上市公司数据资源占无形资产总额比例超过10%。其中，中远海科作为海洋科技领域的领头者，凭借高数字化能力、技术以及数字化智能化的业务结构和商业模式，其数据资源占无形资产比例高达54.9%。

表2-2　　13家上市公司数据资源计入无形资产科目情况

名称	数据资源入表总金额（万元）	计入无形资产科目数据资源金额（万元）	数据资源占无形资产比例
恒信东方	2 460.33	2 460.33	17.00%
航天宏图	1 717.25	1 717.25	28.10%
每日互动	1 283.69	1 283.69	7.20%
卓创资讯	940.51	940.51	26.70%
中远海科	902.06	902.06	54.90%
开普云	437.97	141.77	10.70%
博敏电子	181.76	181.76	1.80%
南钢股份	117.47	15.18	0.00%
平安电工	78.33	78.33	1.10%
中文在线	44.91	44.91	0.10%
中交设计	38.28	38.28	0.10%
山东高速	36.48	36.48	0.00%
青岛港	25.85	25.85	0.00%
总计	8 264.89	7 866.40	

表2-3为6家上市公司数据资源计入开发支出科目情况。从表2-3可以看出，6家上市公司将数据资源计入开发支出科目的总金额为1 767.61万元。其中，有3家上市公司数据资源占开发支出比例为100%，而这3家上市公司以前的年度报告中开发支出科目余额均为0。这表明3家上市公司都是随着新的数据资源入表政策的推出，在开发支出科目中增加了新的余额，并将新增的支出全部用于数据资源。数据资源在开发支出

中的比例较高，也说明了部分上市公司虽然披露了数据资源入表事项，但其仍处于数据资源挖掘利用的初始开发阶段，仍未形成数据资产。

表2-3　　　　6家上市公司数据资源计入开发支出科目情况

名称	数据资源入表总金额（万元）	计入开发支出科目数据资源金额（万元）	数据资源占开发支出比例
拓尔思	628.00	628.00	3.10%
美年健康	545.98	545.98	19.30%
开普云	437.97	296.20	18.50%
佳华科技	171.13	171.13	100.00%
南钢股份	117.47	102.29	100.00%
浙江交科	24.00	24.00	100.00%
总计	1 924.55	1 767.61	

值得注意的是，除无形资产和开发支出外，18家上市公司中仅海天瑞声将数据资源计入存货科目进行核算。海天瑞声作为最早从事AI数据行业的公司之一，所提供的服务与交付的项目基本以人工智能数据和数据服务为主，标准化数据及产品也是其特有的商品模式。据统计，其数据资源入表总金额为689.68万元，与存货余额一致。这意味着海天瑞声由于业务特性，它的存货全部由数据资产组成。

2. 市值规模分析

图2-1为数据资源入表的18家上市公司按市值规模分布情况。从图2-1可以看出，截至2024年6月初，公开披露数据资源入表相关信息的18家上市公司市值大多处于500亿元以下，其中市值在100亿元以下的企业数量超过半数，而市值超过500亿元的企业仅有1家。

3. 所属行业分布

图2-2从行业分布的角度呈现了18家上市公司数据资源入表情况。从图2-2可以看出，公开披露数据资源入表相关信息的18家上市公司中共有12家上市公司属于信息传输、软件和信息技术服务业以及制造业。

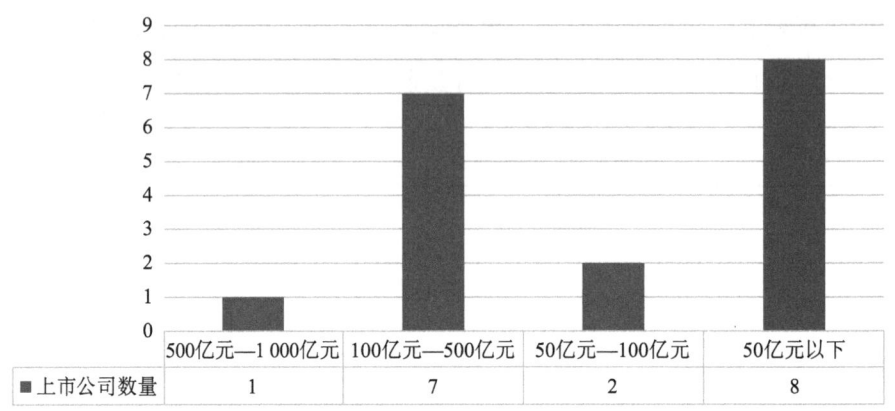

图 2-1　数据资源入表的 18 家上市公司按市值规模分布情况

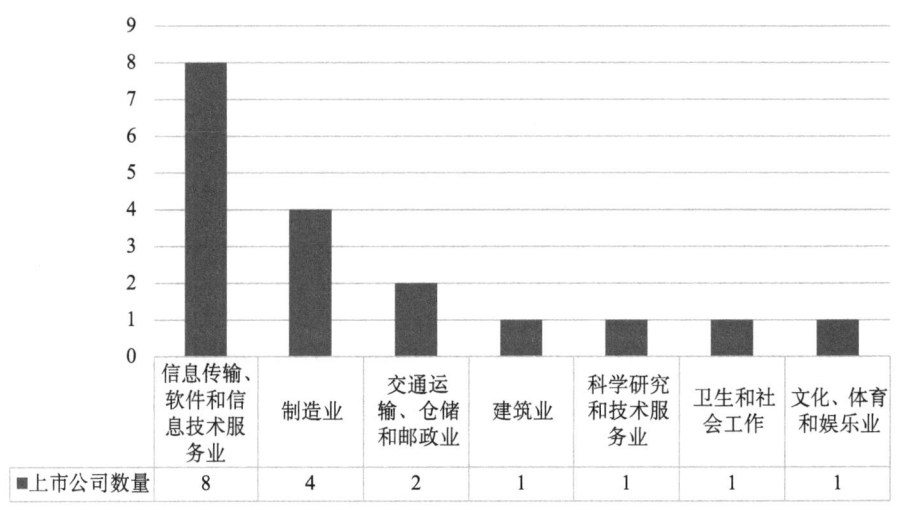

图 2-2　数据资源入表的 18 家上市公司按所属行业分布情况

图 2-3 展示了 18 家上市公司数据资源入表金额按所属行业分布情况。从图 2-3 可以看出，在入表金额方面，信息传输、软件和信息技术服务业的上市公司数据资源入表金额高达 6 000 万元以上，占 18 家上市公司公开披露数据资源入表总金额的 66%。可见，信息传输、软件和信息技术服务业以及科学研究和技术服务业作为数据资源密集型行业，更注重数据资源的开发和利用，因此，在财务报告中披露数据资源入表的上市公司数量较多、金额较高。而其他行业如制造业等，虽然也在一定程度上利用数据资源，但其所有数据资源入表金额相对较低。

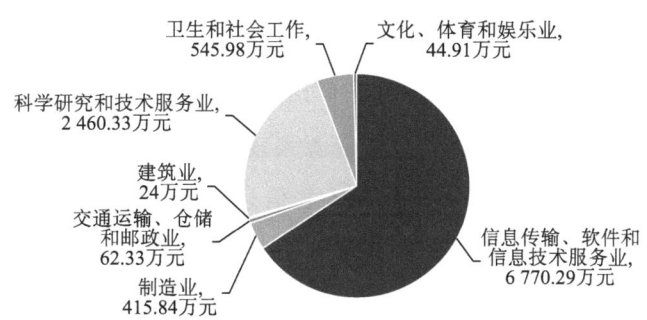

图 2-3　18 家上市公司数据资源入表金额按所属行业分布情况

4. 区域位置分布

图 2-4 展示了数据资源入表的 18 家上市公司按区域位置分布情况。从图 2-4 可以看出，公开披露数据资源入表相关信息的 18 家上市公司主要集中分布在 8 个沿海一线城市，有 8 家上市公司位于北京，披露数据资源公司入表数量在全国范围内遥遥领先。此外，山东、浙江、江苏和广东也各有 2 家及以上的上市公司公开披露了数据资源入表相关信息。这些省市经济发达，信息化发展水平高，并且北京、广东和上海等地拥有多个高新技术产业开发区以及产业集群，这有效促进了企业的集聚和发展，为企业提供了良好的产业环境和技术环境。此外，这些省市在推动数据资源入表和数字经济发展方面给了强有力的政策支持，积极鼓励企业进行创新和数据资源的挖掘利用，加速推动了当地企业数据资源入表的进程。

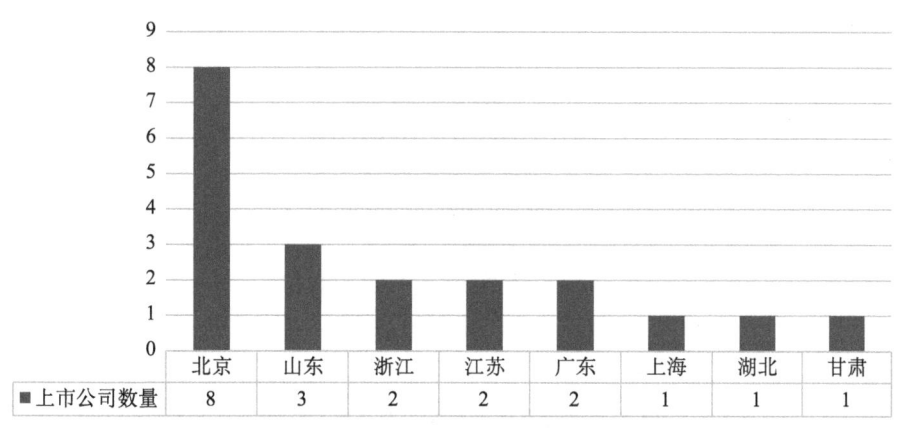

图 2-4　数据资源入表的 18 家上市公司按区域位置分布情况

5. 公司实控人分布

图 2-5 展示了数据资源入表的 18 家上市公司按实控人分布情况，图 2-6 展示了 18 家上市公司数据资源入表金额按实控人分布情况。截至 2024 年 6 月初，公开披露数据资源入表信息的 18 家上市公司主要以民营企业为主，这一现象可以从多个角度来分析。首先，民营企业往往更加灵活和敏捷，能够及时把握市场风向、响应市场变化，因此，在数据资源入表方面更具主动性和积极性。其次，民营企业往往具有较强的创新能力和风险承受能力，它们更愿意投入时间和精力对数据资源进行挖掘和利用，以提升自身的竞争力和市场地位。

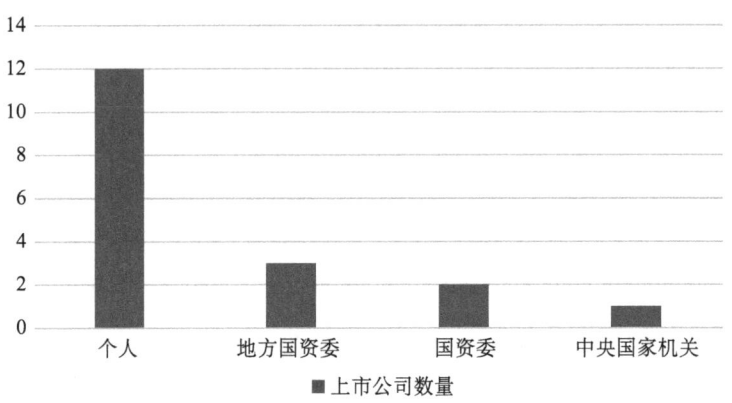

图 2-5 数据资源入表的 18 家上市公司按实控人分布情况

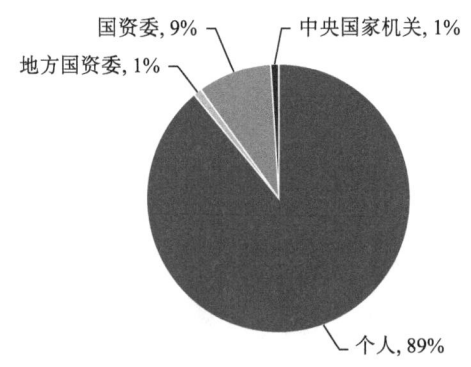

图 2-6 18 家上市公司数据资源入表金额按实控人分布情况

需要注意的是，若上市公司为集团下属的子公司，且其披露的数据资源入表信息并不能全面反映集团的整体数据资源规模，这种情况可能是由于集团内部的数据资源管理和利用策略，或者是出于财务报告的披露要求。因此，投资者和市场分析者在评估上市公司数据资源入表相关情况时，需要考虑到集团整体的数据资源管理和利用策略，以及上市公司在集团中的具体角色和地位。

2.3 非上市公司数据资源入表现状

2.3.1 城投公司和类城投国有企业数据资源入表情况概览

城投公司即城市建设投资公司，通常由各地方政府出资设立，是我国特有的地方政府融资平台。类城投国有企业则是指与城投公司功能、性质等类似，但设立目的、业务范围、资金来源等都更加多元化。

表2-4为城投公司数据资源入表情况，表2-5为类城投国有企业数据资源入表情况。据不完全统计，截至2024年6月初，国内有6家城投公司和16家城投公司下属公司，此外还有28家类城投国有企业。

表2-4　　　　　　　城投公司数据资源入表情况

序号	入表企业	关联城投公司	数据资源入表内容
1	温州市大数据运营有限公司	温州市城市建设发展集团有限公司	"信贷数据宝"数据
2	成都市金牛城市建设投资经营集团有限公司	本身	智慧水务监测数据
3	重庆盈新数字科技有限责任公司	重庆长寿开发投资（集团）有限公司	化工产业链分析数据、政企数据联合助力环境保护数据、人群热力地图、预警通知

续表

序号	入表企业	关联城投公司	数据资源入表内容
4	南京扬子国资投资集团有限责任公司	本身	企业用水脱敏数据
5	重庆巴渝数智城市运营服务有限公司	重庆市巴洲文化旅游产业集团有限公司	智慧停车数据
6	南京公共交通（集团）有限公司	南京市城市建设投资控股（集团）有限责任公司	公交数据
7	许昌市智慧停车经营管理有限公司	许昌市投资集团有限公司	智慧停车应用场景数据
8	合肥市大数据资产运营有限公司	合肥市建设投资控股（集团）有限公司	公共交通出行数据
9	先导（苏州）数字产业投资有限公司	苏州高铁新城国有资产控股（集团）有限公司	智慧交通路侧感知数据
10	德阳国科数字产业发展集团有限公司	德阳发展控股集团有限公司	自有社区服务平台运营数据
11	江苏盐城港控股集团有限公司	盐城市交通投资建设控股集团有限公司	集装箱码头生产操作系统、电子口岸系统、港机设备物资管理系统、散杂货生产管理系统
12	济南能源集团有限公司	本身	供热管网 GIS 系统数据
13	山东港口科技集团有限公司	青岛城市建设投资（集团）有限责任公司	港口吞吐量预测模型
14	天津临港投资控股有限公司	本身	"保税区临港区域通信管线运营数据"，"临港港务集团智能数字人"
15	湖北漷川国有资本投资运营集团有限公司	本身	孝感市城区泊位状态应用数据
16	柳州市东科智慧城市投资开发有限公司	柳州市东城投资开发集团有限公司	车联网数据产品
17	山东港口青岛港集团有限公司	青岛城市建设投资（集团）有限责任公司	干散货码头货物转水分析数据集

续表

序号	入表企业	关联城投公司	数据资源入表内容
18	宜昌城市发展投资集团有限公司	本身	宜昌市城市公交数据
19	邯郸市公共交通集团有限公司	邯郸市城市投资运营集团有限公司	邯郸城运集团智能公交实时到离站数据集
20	德阳市民通数字科技有限公司	德阳发展控股集团有限公司	"德阳市民通"App和小程序积累的数据
21	聊城联合产权交易有限公司	聊城市财信投资控股集团有限公司	聊城市农村土地经营权交易数据集
22	山东港口日照港集团有限公司	青岛城市建设投资（集团）有限责任公司	日照港库堆存管理数据资源集

表2-5　类城投国有企业数据资源入表情况

序号	入表企业	实控人	数据资源入表内容
1	广东南方电网综合能源股份有限公司	广东省国资委	高速公路相关数据
2	成都数据集团股份有限公司	成都市国资委	公共数据
3	无锡市梁溪大数据有限公司	无锡市梁溪区国资办	社会治理、产业发展、惠民服务等相关数据
4	天津市河北区供热燃气有限公司	天津市河北区国资委	供热数据
5	青岛金链帮数智创新科技有限公司	中国（山东）自由贸易试验区青岛片区管理委员会财政金融部	青岛自贸片区市场主体政务延伸服务数据
6	盐城市大数据集团有限公司	盐城市人民政府	未披露
7	河南数据集团有限公司	河南省国资委	"企业土地使用权"数据
8	中国电信长沙分公司	国务院国资委（为总公司中国电信集团有限公司的实控人）	建筑产业大数据综合服务平台、卫星遥感数字环境、卫星遥感数字农业、税务争议案例数据库产品

续表

序号	入表企业	实控人	数据资源入表内容
9	泉州交通发展集团有限责任公司	泉州市国资委	泉数工采集通数据
10	北京亦庄投资控股有限公司	北京经济技术开发区管委会	自动驾驶、数字基建、智慧城市数据
11	北京商务中心区信链科技有限公司	北京市朝阳区国资委	企业大数据风险管理平台
12	河南大河财立方数字科技有限公司	河南省国有文化资产管理委员会办公室	"财金先生"和"立方招采通"数据
13	厦门市政空间资源投资有限公司	厦门市国资委	《厦门市政智慧停车泊位查询》《厦门市政智慧停车指数分析报告》
14	郑州数智科技集团有限公司	郑州市国资委	未披露
15	潍坊市公共交通集团有限公司	潍坊市国资委	潍坊实时公交查询数据资源集
16	萍乡市安源数字投资有限公司	萍乡市安源区国资服务中心	公共数据
17	宜昌思佰得信息技术有限责任公司	宜昌市夷陵区财政局	宜昌市夷陵区停车数据
18	四川牛背山旅游开发有限公司	四川省国资委	牛背山景区酒店、门票运营数据
19	湖北省长投智慧停车公司	湖北省国资委	楚云停车泊位订单应用数据集
20	诸暨市传媒集团有限公司	诸暨市国资委	目标导向学习系统,即时响应学习系统
21	青岛华通国有资本投资运营集团有限公司	青岛市国资委	企业信息核验数据
22	科学城(广州)信息科技集团有限公司	广州经济技术开发区管委会	智慧交通"新基建"项目数据
23	清远市数字投资运营有限公司	广州市国资委	"清易保(医保理赔)"数据
24	临沂铁投城市服务有限公司	临沂市国资委	临沂高铁北站停车场数据

续表

序号	入表企业	实控人	数据资源入表内容
25	数字广西集团有限公司	广西人民政府	"智桂通"公共数据运营平台
26	山西省绿色交易中心有限公司	山西省财政厅	"绿晋通"平台数据
27	山东高速集团有限公司	山东省国资委	财务智能分析平台、路网车流量数据,对公数字支付科技平台数据监测产品
28	河北交投智能科技股份有限公司	河北省国资委	"河北省高速公路屏蔽卡签或U/J型行驶车辆分析查询""河北省高速公路大车小标行驶车辆分析查询""河北省高速公路一车多CPC行驶车辆分析查询"

2.3.2 城投公司和类城投国有企业数据资源入表情况分析

1. 区域位置分布

图 2-7 为城投公司和类城投国有企业数据资源入表区域位置分布情况。

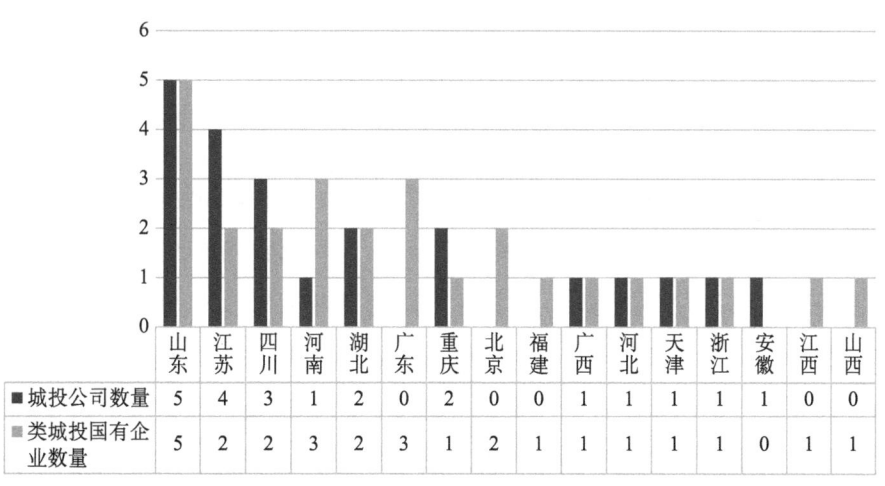

图 2-7 城投公司和类城投国有企业数据资源入表按区域位置分布情况

从图 2-7 可以看出，50 家数据资源入表企业主要分布在 16 个省市，城投公司涉及其中 11 个省市，类城投国有企业主要分布在 15 个省市。具体来看，山东省数据资源入表企业数量相对较多，占数据资源入表企业总数的 1/5，其次是江苏、四川和河南等省份。这些城投公司和类城投国有企业的先行先试能够起到标杆作用，能有效提高所在省份其他企业对数据资源重要性的认识，从而推动当地数据资源入表的进程。

2. 行政级别分布

图 2-8 展示了城投公司和类城投国有企业数据资源入表按行政级别分布情况。

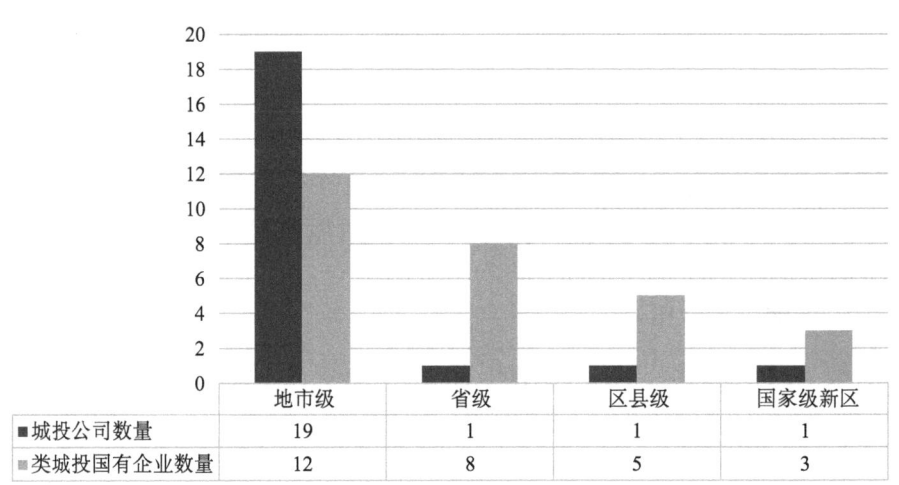

图 2-8　城投公司和类城投国有企业数据资源入表按行政级别分布情况

从图 2-8 可以看出，50 家数据资源入表企业中有 40 家为省级和地市级，其中地市级为 31 家，占数据资源入表企业总数的 61%。而区县级和国家级新区级别的数据资源入表企业数量则相对较少，分别为 6 家和 4 家。这是由于数据资源入表仍处于初步探索阶段，需要大量的人力和物力，且存在一定的试错成本和风险。因此，相对来说，地市级的数据资源入表企业数量较多。随着数据资源入表进程的不断推进，预计区县级等级别的数据资源入表企业数量也将逐渐增加。

3. 数据类型分布

图2-9展示了城投公司和类城投国有企业数据资源入表按数据类别分布情况。从图2-9可以看出，城投公司和类城投国有企业纳入报表的数据资源主要有交通数据、公共数据、行业数据以及企业数据四种类型。具体来看，50家数据资源入表企业中有38家以交通数据或公共数据作为入表内容，两种类型各占数据资源入表企业总数的44%和32%。这是由于城投公司和类城投国有企业通常负责城市基建、公共资源管理等问题，其业务范围和定位往往与交通数据、公共数据紧密相关。因此，这些企业在日常运营过程中积累了大量相关数据，为数据资源入表提供了丰富的数据基础。

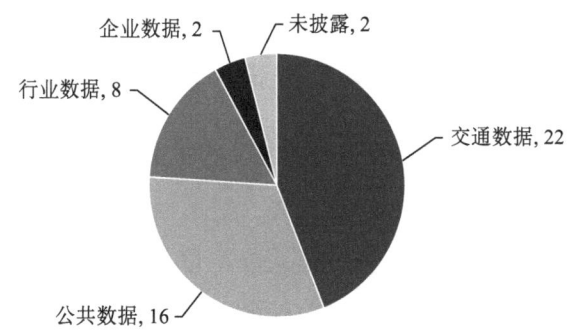

图2-9 城投公司和类城投国有企业数据资源入表按数据类别分布情况

4. 融资情况分布

图2-10展示了城投公司和类城投国有企业数据资源入表按融资金额分布情况。截至2024年6月初，50家数据资源入表的城投公司和类城投国有企业中已有5家城投公司和7家类城投国有企业借助数据资源入表的优势成功融资。从图2-10可以看出，多数企业融资金额处于1 000万元—2 000万元，其中最高的融资金额高达2 000万元以上，最低不足50万元。如温州市大数据运营有限公司通过"信贷数据宝"数据的质押融资，获得融资款378万元；无锡市梁溪大数据有限公司基于社会治理、服务等公共数据得到授信1 000万元。这些企业通过融资成功打通了数据价值转化路径，为数据要素资本化奠定了基础。

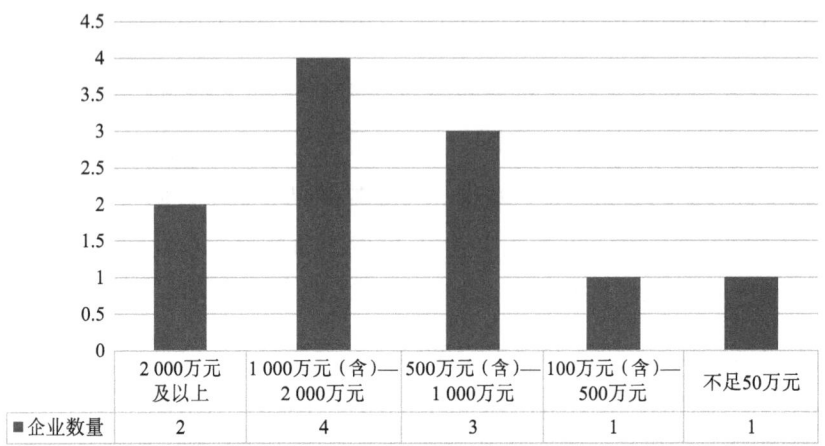

图 2-10　城投公司和类城投国有企业数据资源入表按融资金额分布情况

2.3.3　非上市民营企业数据资源入表现状

表 2-6 列示了非上市民营企业数据资源入表情况。截至 2024 年 6 月初，已有 8 家民营企业紧跟数字化趋势，把握地方政府对数据资源扶持的机遇，主动在各自领域推进数据资源入表工作。尤其是江苏、广东等地的民营企业表现尤为突出，展现出了强劲的动力和积极性。

表 2-6　　　　　　非上市民营企业数据资源入表情况

序号	地区	入表企业	数据资源入表内容
1	浙江桐乡	浙江五疆科技发展有限公司	化纤制造质量分析数据
2	江苏无锡	中科城市大脑数字科技有限公司	社会治理、产业发展、惠民服务等数据
3	江苏无锡	鲜度数据（无锡）有限公司	社会治理、产业发展、惠民服务等数据
4	江苏无锡	江苏猪八戒网企业服务有限公司	社会治理、产业发展、惠民服务等数据
5	广东佛山	广东柯内特环境科技有限公司	生态环境数据
6	贵州贵阳	贵州勘设生态环境科技有限公司	污水厂仿真 AI 模型运行数据集
7	广东珠海	乘木科技（珠海）有限公司	乘木科技现有的城市部件三维模型数据
8	湖北武汉	武汉飞流智能技术有限公司	低空经济数据集

在数据资源入表后，8家民营企业中的乘木科技（珠海）有限公司、中科城市大脑数字科技有限公司、鲜度数据（无锡）有限公司、江苏猪八戒网企业服务有限公司已经凭借数据资源入表的优势，成功实现了融资目标，获得银行授信分别为200万元、800万元、500万元以及1 000万元贷款，为相关行业企业依托数据资源入表融资树立了良好典范。

第 3 章

数据资源入表的理论基础

3.1 数据作为新型生产要素的理论背景

2019 年 10 月,党的十九届四中全会正式将数据列为生产要素,标志着数据在中国特色社会主义制度下的重要地位得到确认。作为数字经济深化发展的核心引擎,数据不仅丰富了生产要素的构成,还以其独特的特性与优势,对劳动力、技术等其他生产要素产生放大、叠加及倍增效应,深刻改变着生产方式、生活方式和社会治理方式。这一变革的背后,是数据特性、生产要素的演变、政策的推动,以及数据市场化等多重因素共同作用的结果。

首先,数据作为新型生产要素,其独特性与优势显著。数据是客观世界状态变化的数字化记录,具有海量规模、多样化结构和高速增长等特点,蕴含着巨大的经济价值。其非稀缺性、流动性和替代性特性,在生产过程中能够显著提升效率,促进资源优化配置与高效利用,甚至能在一定程度上替代稀缺资源,缓解资源紧张的压力。

其次,生产要素的演变历程与政策的积极推动为数据的发展铺平了道路。从农业经济时代逐步迈向工业经济时代，再到如今的数字经济时代，生产要素的内涵持续不断扩展。各级政府积极出台相关政策，大力促进数据要素市场的发展。例如，我国目前正在积极探索数据要素市场化之路，着力构建以数据为核心的数字经济体系。同时，企业和社会各领域的数字化转型也加速了数据在生产、分配、流通、消费及社会服务管理等环节的深入应用，使数据成为经济社会发展的关键要素。

最后，在新一轮科技革命和产业变革的浪潮中，数据作为新型生产要素的地位日益凸显。互联网、大数据、云计算、人工智能和区块链等技术的快速发展，不仅推动了数据规模的爆炸性增长，还进一步催生了将数据作为生产要素的强烈需求。这些技术为数据的采集、处理、分析和应用提供了强大支撑，让数据能够更加高效地服务于经济社会发展。

综上所述，数据作为新型生产要素的强势崛起，是科技进步、经济发展和社会变革共同作用下的必然结果。其独有的特性与优势，加之生产要素的演变，政策的积极推动，以及科技革命的强大力量，一同构建起了数据快速发展的理论基础。未来，随着技术的不断进步和政策的持续完善，数据将在推动经济社会高质量发展中发挥更加重要的作用，成为推动社会进步和变革的重要力量。

3.1.1 数据要素的关键特征及其作用

1. 数据要素的关键特征

数据要素作为新型生产要素，具有不同于传统生产要素的特征，在数字经济时代扮演着至关重要的角色。传统经济学将资本和劳动视为最基本的生产要素。资本背后包含土地、自然资源和能源等"物质"要素，而劳动则代表着人力资源。人们通过不断地开发新的技术，将"地球的馈赠"转化为商品和服务。然而，在数字技术发展的早期阶段，数字资源的总量和信息内容都相对有限，因此数据未能满足成为生产要素的基本条件。近年来，随着移动互联网的迅猛发展和万物互联的快速推进，全球数据总量急剧增加，数据作为生产要素的基础条件已然具备，同时数据在经济社会中的关键作用也得到了广泛认可。数据要素的关键特征可主要概括为：虚拟性、替代性、非消耗性、非稀缺性、非均质性、强外部性、产权模糊性、衍生性、时效性、多样性。

（1）虚拟性。数据要素虚拟性主要是指数据以非实体的形式存在，产品在虚拟空间以"0—1"编码的形式实现数据虚拟化生产。数据是无形的，不同于土地、劳动力、资本等可见的、具有物理形态的传统生产要素，它以电子形式存在，没有物理形态，且可以在计算机系统中生成、存储、传输和处理，这使得数据的存储和传输成本相对较低，且易于复制和传播，尽管数据需要依附于各种实物载体，但数据本身决定了数据作用的发挥和数据价值的大小。

（2）替代性。替代性主要是指数据要素在土地、劳动和管理方面的替代作用。数据要素能够显著节省实体土地空间，突破土地资源有限的束缚，解决土地供给缺乏弹性的问题，从而扩大实际的生产空间。在人工智能技术的支持下，生产流程以数据为核心实现自动化，这种以数据为基础的自动化生产流程可以部分甚至完全替代劳动力。在数字经济时代，不但生成的数据可以上传至"云端"，而且人工智能技术能够模拟人类思维，借助机器学习和深度学习实现云计算、云管理以及云决策。因此，数据要素的替代性特征能够有效缓解传统生产要素的短缺问题。

（3）非消耗性。数据的使用不会导致数据本身的减少或消失，数据要素不同于土地、劳动力等传统生产要素，传统的生产要素会在使用过程中产生消耗，而数据要素不仅不会因使用而消耗，反而会在使用过程中产生新的数据，并随着被使用次数的增多而创造更多的数据量，数据可以无限制地重复使用，且不会因为使用而减少其价值。因此，数据在使用过程中可以被反复利用，甚至通过数据的生产、共享和交换产生更大的价值。

（4）非稀缺性。数据要素的非稀缺性也称数据的无限性，与传统的物理资源相比，数据通常不是稀缺的。随着技术的发展和普及，数据的生成速度越来越快，数据量呈指数级增长，数据已经成为当今数字社会最基本的客观产物，人们在开展一切社会活动的过程中都会产生数据。例如，消费者通过手机、电视等方式进行互联网服务时，会产生上网记录、支付信息等数据；企业在生产过程中使用生产设备时会产生生产经营数据；政府在为社会提供公共服务的过程中，也会每时每刻产生各种公共数据。

（5）非均质性。数据的质量和价值因来源、类型、结构和处理方法的不同而有所差异，即使是相同类型的数据，在不同的情境下也可能具有不同的价值。数据的非均质性特点具有三个方面的含义：一是数据价值因数据质量的不同而有所差异，在相同单位量纲下，不同的数据具有不同的价值；二是数据价值因应用场景而异，同一份数据在不同应用场景中具有不同的价值；三是数据价值因使用对象而异，同一份数据对不同的人而言，它的价值也是不一样的。

（6）强外部性。数据的使用和共享往往会产生正外部效应，如提高生产效率、推动创新等。同时，数据的滥用也可能导致隐私泄露、安全风险等负外部效应。数据要素涉及个人隐私和企业商业秘密，其安全保护是数据治理的重要部分，必须采取有效措施确保数据在收集、存储、传输和使用过程中的安全性。

（7）产权模糊性。这种模糊性主要体现在数据的产权界定相对模糊，数据的所有权、使用权、经营权等权利关系复杂，难以明确界定，这在一定程度上限制了数据的流通和利用，也增加了数据管理和监管的难度，从而导致在数据交易、共享和使用的过程中，各相关方的权益难以得到切实有效的保障。尽管已经实施了《中华人民共和国数据安全法》等法律法规，但在数据产权的具体界定上，目前仍然缺乏全面且明确的法律法规作为支撑，这使得数据资源的归属和相关产权边界难以明确，进一步加剧了数据产权的模糊性。

（8）衍生性。数据要素通常呈现递增趋势，数据可以通过加工、分析和挖掘产生新的数据，进而产生新的价值，这种衍生性使得数据具有更强的创新潜力和增长动力。随着数据量的增长，数据的价值往往呈递增趋势，大数据分析和挖掘技术的应用可以从海量数据中提取更多有价值的信息，实现价值的最大化。数据作为新型生产要素，随着数据使用量和使用次数的不断增加，其规模会越来越大、种类会越来越多、使用效用也会越来越强。

（9）时效性。数据要素的时效性有两个方面的含义：一方面，数据所蕴含的经济价值会随着时间的流逝而贬值。根据 IBM 研究结论，可以得出 60% 的非结构化数据在几毫秒内就会失去其真正价值，超过一半的数据在产生的那一刻就不再有价值，能得到分析处理并产生实际效用的数据非常少，全球 90% 的数据从未得到分析使用。另一方面，数据的贬值速度取决于数据类型、具体用途以及所应用的业务场景。不同领域的数据往往无法共享，并且随着技术的进步以及可替代性数据的出现，尤其是人工智能产生的大量泛化性数据，可能会导致数据出现无形损耗，进而降低数据的使用价值。

（10）多样性。数据的多样性是指数据有单一形态数据和融合形态数据。单一形态数据的表现形式多种多样，可以是数字、表格、图像、声音、视频、文字、光电信号、化学反应甚至是生物信息等；而融合形态数据的表现形式则更为丰富，有数字、表格、图像、声音、视频、文字等多模态数据，也有通过数字媒体与数字制作特技产生的各种融合数据等。随着数字技术的快速发展，不同形态的数据还可以互相转换。

2. 数据要素的作用

数据要素在具备关键特征的同时也发挥着不可替代的作用，2023 年 12 月，国家数据局等 17 部门联合发布的《"数据要素×"三年行动计划（2024—2026 年）》提出，发挥数据要素报酬递增、低成本复用等优势，可优化资源配置，赋能实体经济，发展新质生产力，推动生产生活、经济发展和社会治理方式的深刻变革，对推动高质量发展具有重要意义。因此，数据要素发挥的主要作用是多方面的。

（1）优化资源配置。数据要素能够提供更准确、更及时的信息，帮助企业了解市场趋势、消费者需求和产品成本等，从而优化生产、销售和库存管理等环节,实现资源的最优配置,还可以通过数据分析,精准预测市场需求,指导生产和服务供给,减少资源浪费,提高资源配置效率。

(2) 提高生产效率。通过对数据要素的分析和应用,企业可以更精准地了解客户需求和产品性能,有针对性地改进产品设计和生产工艺,提高生产效率和产品质量,实现精准生产。在生产过程中,利用数据驱动的智能管理系统可以实时监控生产状态,及时发现并解决问题,提高生产效率和灵活性,实现智能管理。

(3) 推动数字经济发展。数据要素是数字经济的核心组成部分,通过对数据的收集、分析和应用,可以发掘更多的商业机会和创新创业的可能性,从而推动商业模式的创新,加速数字经济的发展。同时,数据要素发展还能促进产业升级,实现数字经济与实体经济的深度融合,推动传统产业的数字化转型与升级,进而提升整体产业的竞争力和附加值。

(4) 提升社会治理水平。数据要素能够为政府决策提供更加全面、准确的数据支持,提高决策的科学性和有效性。例如,在城市管理方面,通过数据的收集和分析,政府可以更加全面地了解城市的发展状况和问题,从而制定更加科学合理的城市规划和管理政策。另外,数据要素还可以提供精准服务。利用数据分析技术,政府可以更加精准地识别社会问题和民生需求,从而提供更加个性化的公共服务,提高社会治理的精细化和人性化水平。

(5) 促进创新发展。数据要素的开放共享和流通交易可以促进科技创新发展。通过对大量数据的分析和挖掘,数据要素可以发现新的规律、模式和趋势,为科学研究和技术创新提供有力支持。数据要素的应用推动了社会创新的发展。例如,在医疗、教育、文化等领域,数据要素的应用推动了服务模式的创新和升级,提高了服务质量和效率。

(6) 拓展经济领域。数据要素在金融领域的应用尤为广泛,如风险评估、信用评级、智能投顾等,极大提高了金融服务的精准性和效率。在其他领域,诸如农业、制造业、交通运输等,数据要素的应用同样推动了这些领域的数字化转型和升级,进而提高了生产效率和服务质量。

随着数字技术的不断发展和普及，数据要素的作用和价值将进一步凸显，数据要素以其独特的特征和广泛的应用价值，正在成为推动经济社会发展的重要力量。在未来的发展中，我们需要更加重视数据的作用，加强数据的收集、整理和分析能力，推动数字经济的发展和社会的进步。

3.1.2 数据要素市场化进展

数据要素市场化建设是一个将尚未完全由市场配置的数据要素转变为由市场主导配置的动态过程，这一过程旨在建立以市场为基础的数据资源体系，从而实现数据在生产、分配、流通和消费各个环节的高效衔接。近年来，各方积极推动数据要素的高质量供给和合规高效流通，数据工作体系逐步完善，基础制度初步建立，数据供给力度不断增强，数据流通和使用的效率持续提升。此外，政府还支持探索多样化的定价模式和价格形成机制，以适应数据要素的特性，推动公共数据在数字化发展中的有偿使用，并允许企业和个人信息数据市场自主定价。总的来说，数据要素市场化进展显著。

1. 政策推动与制度建设

近年来，国家高度重视数据要素市场的发展，出台了一系列政策措施。例如，《中共中央关于进一步全面深化改革 推进中国式现代化的决定》明确提出，要加快构建促进数字经济发展的体制机制，完善促进数字产业化和产业数字化政策体系。国家数据局等相关部门也积极推动数据要素市场化配置改革，发布了一系列配套法规和标准，如《中华人民共和国数据安全法》《网络数据安全管理条例（草案）》等，为数据要素市场的发展提供了法律保障。此外，国家数据局正在研究制定促进数据产业发展的政策，厘清数据产业的内涵和外延，面向市场需求培育多元化的市场经营主体。同时，国家数据局将着力建立健全数据基础制度，包括数据产权归属认定、市场交易、权益分配、利益保护等，以提升数据安全治理监管能力，建立高效便利安全的数据跨境流动机制。

2. 市场发展与交易体系构建

随着数据技术的不断发展和应用的深入，数据要素市场规模持续扩大。企业、政府、个人对数据的需求不断增长，数据采集、存储、加工、交易流通、应用等环节的技术和服务也在不断创新和发展。各地纷纷建立数据交易平台，推动数据要素的流通和交易。这些平台通过提供数据交易、数据共享、数据授权运营等服务，促进了数据资源的优化配置和高效利用。例如，云基华海信息技术股份有限公司等企业展示了其在数据资产运营方面的成果，服务了多个省级数据交易所和大数据集团。与此同时，国家数据局正在构建数据流通交易体系，发挥价格形成机制作用，调动各方积极性、主动性和创造性，做大数据要素市场"蛋糕"。

3. 技术创新与应用

隐私计算、数据空间、区块链、数联网等多种技术解决方案不断涌现，为数据要素的安全流通和高效利用提供了技术支持。企业和科研机构在数据加密、身份认证、数据脱敏等关键技术上不断取得突破，提升了数据要素市场的安全性。数据要素的应用场景不断拓展，涵盖了智能制造、智慧城市、金融科技、医疗健康等多个领域。通过对数据的分析和应用，企业能够更精准地了解客户需求、优化生产流程、提升服务质量。

4. 国际交流与合作

在全球范围内，数据要素市场也呈现出快速发展的态势，各国政府和企业纷纷加强在数据领域的合作与交流，共同推动数据要素市场的国际化进程。中国积极参与国际数据治理规则的制定和协商，推动构建公平、开放、安全的国际数据治理体系。

综上所述，数据要素市场化进展显著，政策支持不断加强，市场规模持续扩大，交易平台日益完善，技术创新不断涌现，应用场景不断拓展，并积极参与国际交流与合作。未来，随着数据技术的进一步发展和应用的深入，数据要素市场将迎来更加广阔的发展前景。

3.2 数据资产化的经济学原理

数据资产化,即将数据资源转化为具有经济价值的资产形式,是数字经济时代的重要趋势。这一过程不仅丰富了生产要素的内涵,还通过资源的优化配置、价值的深度挖掘与转化、市场效率的提升,以及对企业决策和经济增长的积极影响,展现了其深厚的经济学原理。

首先,数据资产化实现了数据资源的优化配置。在数字经济背景下,数据作为新型生产要素,其资产化过程涵盖了数据的全生命周期管理,从收集、存储到管理、分析和应用,每一个环节都促进了数据价值的提升和有效利用。这不仅提高了数据的可访问性和可用性,还使得数据能够跨越传统界限,在更广泛的领域内实现高效流动和配置,从而推动资源的整体优化。

其次,数据资产化的核心在于价值的创造与转化。通过先进的数据分析技术和挖掘手段,企业能够深入挖掘数据中的隐藏价值,发现新的商业机会和增长点。这一过程不仅帮助企业实现了从数据到信息的转化,更促进了信息向知识、决策支持的进一步升级,最终转化为企业的实际收益和社会整体效率的提升。同时,数据资产化还促进了数据价值的跨领域转化,为企业和社会创造了更加多元和丰富的价值形态。

最后,数据资产化还对市场效率和企业决策产生了深远影响。通过构建公开透明的数据交易和共享机制,数据资产化减少了市场中的信息不对称现象,提高了市场参与者的决策效率和准确性。同时,基于实时数据和深度分析的企业决策模式逐渐兴起,使得企业能够更加精准地把握市场动态和消费者需求,从而制定更加科学、高效的战略和计划。这种决策模式的转变不仅降低了企业的决策成本和风险,还推动了市场竞争的加剧和合作模式的创新。

第3章　数据资源入表的理论基础

总之，数据资产化的经济学原理深刻影响了数字经济的各个方面，通过资源的优化配置、价值的创造与转化，以及市场效率和决策质量的提升，数据资产化不仅为企业带来了实实在在的经济效益和社会效益，还推动了整个经济体系的转型升级和可持续发展。因此，在数字经济时代，深入理解和把握数据资产化的经济学原理对于推动经济社会高质量发展具有重要意义。

3.2.1　数据资产的价值创造与增值机制

1. 数据资产的价值创造

积极推动数字经济发展是我国当前及未来中长期的重要战略方向，而数据要素则是数字经济的核心战略资源，因此，构建和完善数据要素市场成为挖掘数据生产潜力、深化数字经济产业融合的必然选择。数据要素展现出与传统生产要素截然不同的经济特性，基于其作为新型资产类型的独特性，数据要素受到了广泛关注。从智能制造、智能家居到智慧城市，从生产经营到分销，从消费平台到企业系统，数据的缺失将导致这些技术和组织无法正常运作，更无法创造价值。

数据资产的价值创造是数据资源化、资源产品化，再到产品价值化的过程。如图3-1所示。

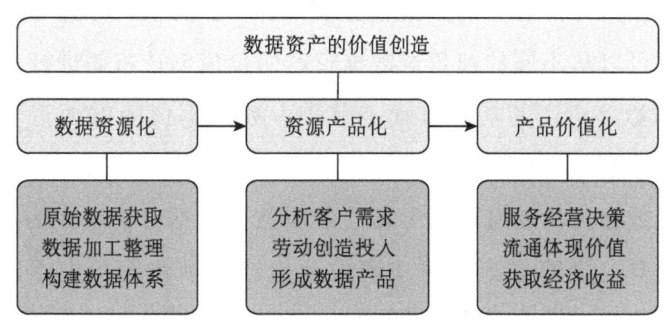

图3-1　数据资产的价值创造过程

从图3-1可以看出，数据资源化主要包括原始数据获取、数据加工处理、构建数据体系三个方面的内容，企业对直接或间接获取、采集的原始数据进行必要的加工整理、归集和存储，形成数据资源后在数据战略的指导下，构建数据能力体系和建立企业数据治理体系，以确保数据的质量、安全性和可用性。通过这些努力，企业可以将杂乱无章的数据转化为有序、可重用、可应用的数据资源。如浦发银行通过建设数据中台，将内部和外部数据进行整理和归集，形成了规模庞大的数据资源，为企业后续的数据分析和应用奠定了基础。

资源产品化是从分析客户需求到劳动创造投入再到形成数据产品的过程，具体是指将数据资源转化为可服务于内外部用户的以数据为主要内容的可辨认的服务形态。企业需要根据客户的需求和场景，对数据资源进行实质性的劳动投入和创造，形成数据产品（这些产品可以是数据集、数据信息服务或数据应用等形式），以满足用户的不同需求。数据产品需要具有明确的应用场景、可交付性、可持续供给性和可使用性等特点，它们不仅包含被开发的数据资源，还需要结合数据算法模型和服务终端，方能实现其价值。

产品价值化是指将数据产品持续服务于内部、外部使用者的经营决策，从而给企业带来持续性经济收益的过程。企业可以通过自用、共享、开放、对外交易等多种形式流通数据产品，并根据交易合约体现其价值，这些数据产品可以支持企业的精准营销、潜客发现、产品推荐等经营活动，也可以作为外部服务的数据业务来销售，从而获取合理的销售收入。

我们也可以从不同的视角对数据资产的价值创造机制进行分析。

（1）从数字资产的功能方面。首先，数据不仅能够通过信息生成知识，用于持续改进现有产品，还能作为新盈利模式，增强新产品的服务开发。随着大数据分析和机器学习算法的成熟，数据分析已成为解决复杂问题的关键工具，进而成为公司在研发及生产产品和服务中不可或缺的投资。其次，数据本质上是信息的承载工具，它在信息和价值流的传递中起到媒介的作用。无论是企业还是政府，都可以利用其在经营和运营过程中能够收集的数据，作为学习与改进的依据。同时，数据传递的信息也有助于减少由不确定性引起的风险。数据资产通过解决市场参与者之间的信息不对称问题，促进了交易的效率。作为企业的关键战略资源，数据资产及其分析能力使企业能够提供增值和个性化服务，更好地满足消费者的支付需求，从而创造价值。随着企业在数据收集、存储及处理方面能力的提升，其从数据中提取价值的能力也在指数级增长。数据的及时更新、连续性、高粒度和完整性进一步提高了数据分析的准确性，这在一定程度上帮助企业动态适应外部环境，从而获得持续的竞争优势。因此，合理地分配和利用数据资产能够增强企业的运营效率，使企业能够适时地适应环境变化，并调整或重组资源，进而增强竞争力并实现持续发展。

（2）从市场参与者的视角看。一是数字产品与服务的使用者决定着产品与服务最终的使用价值，使用者对数据资产的价值创造具有网络效应，这使得数字企业能够凭借用户的贡献和吸引其他用户的行为积累大量的数据。另外，用户数据中所体现的潜在需求偏好与消费习惯的改变，也为商家在改善产品与服务，把握市场需求动向，树立用户信任，提高信誉与品牌影响力等方面提供了实实在在的信号。二是数据科学与数字技术被广泛应用于企业管理层面，企业以拥有海量原始数据为前提，对数据资源进行数据分析，充分挖掘数据资源，增强企业管理科学性，进而促进生产效能与企业业绩的提升。在企业的生产活动以及产品的交换与流通的各个环节中，数据与劳动、资本和管理等其他生产要素共同协作，以实现提升资源配置效率、降低成本等功能，同时在企业研发环节中，通过数据分析能够有效地估算研发周期，降低研发成本。三是政府部门可借助数据资产改善公共服务。政府部门在履行其公共职能的过程中，会生成、采集和沉淀海量数据，其中公共数据、业务数据等出于公共目的而生成的数据之和共同组成了政府的数据资产。公共数据资产通过准确识别重点群体，能提升匹配服务的准确性与效率，降低交易成本，有力地推动了公共服务均等化的实现，从而丰富产品供给，改善产品质量并提升治理与服务能力。

（3）从产业结构调整的角度来看。首先，数据资产作为核心资产，与核心技术协同作用，积极发挥其价值创造的功能。在技术快速革新的背景下，创新的数字产品和服务应运而生，其商业模式相较于传统模式更为明确,因此,在这种模式下,数字资产的价值相对容易评估。此外,基于传统商业模式延伸出的数字赋能新场景和产业生态,通过充分利用数据及相关技术进行资源整合,实现增值,将数据转化为"数字智能"。在这种模式下,企业掌握了大量用户数据,并将数据视为主要生产要素,充分挖掘潜在的商业信息,进而建立用户画像。所以对于企业而言,其所拥有的数据资产的价值最直观地体现在市值上。其次,产业数字化推动了融合创新。在数据驱动下,传统产业实现了数字化转型,但核心业务并未发生根本性变化。数据要素则从数据资源和数字技术两个方面助力产业的数字化转型升级,在这一过程中,通过替代效应和协同融合效应,促进数据资产价值与全产业价值的融合。一方面,数据要素在一定程度上可以替代传统生产要素;另一方面,数据资产与企业其他资源协同作用,可以共同创造价值,推动传统产业向智能化和柔性化生产转型。最后,数字资产改变了组织的边界。在数字化体系中,数据成为企业的战略资源,随着劳动、管理等其他资源的数字化和虚拟聚合,企业之间组合的可能性大幅增加,边界变得更加灵活且充满不确定性。当企业自身拥有的数据与其他数据集结合时,数据的价值将显著提升,在这一过程中,企业之间的竞争关系转变为合作关系,进而创造出额外的价值源泉,同时也增加了潜在的价值创造机遇。

2. 数据资产的增值机制

数据资产化的过程增强了数据的价值,对企业发展具有重要的指导意义,然而,如何保持数据资产的持续增值以及提升其价值变现能力,仍然是当前数据资产领域亟须研究的关键问题。随着数据完整性的提升、数据新用途的发现,出现了数据资产增值的情况,同时,随着技术的进步和发展,相关生产经营成本降低,带来更高经济利益流入的可能性也会增强。结合现有行业实践及理论基础,数据资产增值主要体现在数据质量、数据技术、数据用途等方面。

(1)数据质量的提高。数据质量的提高有利于数据价值的挖掘和创造,是数据资产增值的重要因素之一,通过对数据资产进行深入分析和挖掘，企业可以发现隐藏在大量数据中的规律和模式，提取出有价值的信息。这些信息可以帮助企业优化产品设计、改进生产工艺、提高经营效率等。企业也可以通过共享数据资产，获得外部的数据资源，丰富自身的数据库，提高数据资源的多样性和丰富度，在数据多样性的基础上提高数据质量，数据质量越高，其所反映的内容就会越准确，这将有利于人们掌握事物发展的规律，提高对事物的认知水平，更好地挖掘数据的潜在价值。同时，企业也可以通过出售自身的数据产品来获取经济收益，实现数据的价值变现。

（2）数据技术的发展。数据技术的发展意味着数据处理能力的提升，随着社会的发展，人们对数据有着更深层次的利用需求，数据技术的发展可以整合和关联不同来源、不同属性的数据，形成更有价值的数据信息，这种整合和关联有助于发现数据之间的内在联系和潜在价值，在为企业创造更多商业机会的同时，也可以更好地满足人们的需求，从而带来数据资产的增值。在这种发展态势下，技术的进步也会带来成本的下降，具体而言，技术的进步和发展能够降低数据生产经营成本，进而提高经济利益流入的可能性，同时也会促进数据资产实现增值。

（3）数据新用途的发现。数据新用途的发现可以带来新的业务增长点，形成新的业态，数据的不断积累、聚合、应用，将有益于数据新领域的探索，有利于应用新场景的发掘，更好地发挥数据的价值。在数据质量提升与技术进步的推动下，应用新场景不断涌现，将促使数据新用途的发现，同时，数据创新是数据资产增值的关键驱动力，通过不断的数据创新和应用，企业可以开发出新的数据产品和服务模式，满足市场的不断变化和升级。这些创新性的数据产品和服务不仅可以为企业带来更高的经济效益，还可以推动整个行业的进步和发展，从而带来数据资产的增值。

那么如何实现数据资产增值呢？首先，最主要的是数据资产的应用，企业将数据资产应用于业务中可以促进数据资产增值。例如，为实现客户需求，企业一般会根据现有数据资产进行产品的应用和开发，并不断更新数据资产。在此过程中，通过对数据资产的分析、挖掘，能够帮助企业发现大量数据中的规律和模式，从中提炼出有用的价值信息，并根据自己的职业判断以及实际情况，及时调整数据的相关业务和应用，创造数据资产价值。再如，互联网企业利用积累的数据构建用户画像，帮助决策者更精准地把握用户特征，实现精准服务。其次，在利用现有数据的同时也要将数据资产进行流通，数据资产流通就是将多个不同领域的数据资产进行关联融合，寻找更有价值的数据信息，从而更有效地支撑企业业务的运营，而数据资产流通主要是在合作企业之间，政府机构也可以开放数据流通，作为公共数据更好地服务于社会。最后，数据资产的增值可以通过金融操作如数据资产抵押和投资来实现。例如，企业可以使用数据资产作为保证，抵押给债权人，如果债务人未能偿还债务，债权人则可以优先对这些数据资产进行变现和受偿；或者，企业可以将数据资产用于投资，通过将其转移到特定的载体并发行可流通证券来帮助企业融资。

数据资产的价值创造与增值机制是一个涉及数据资源化、资源产品化、产品价值化，以及数据整合、分析、共享、交易和创新等多个环节的复杂过程。通过这个过程，企业可以充分挖掘和利用数据资产的潜力，实现数据的价值最大化。对于企业而言，若想实现长期且稳定的发展，推进数据资产化无疑是一种行之有效的方法。这个过程需要持续进行，企业应根据自身的业务需求和经营策略，构建一个完善的数据资产管理体系。这包括提升数据资产的质量，明确数据资产的管理边界，制定统一的数据资产标准，并确保数据资产的合规使用，以此促进数据资产的价值创造。此外，数据资产化过程中还存在许多值得探讨的问题，比如，如何更精确地评估数据的价值，以及如何最大化地发挥数据资产化的效益等，这些都是未来需要深入研究的方向。

3.2.2 数据资产化对企业估值的影响

企业估值作为对企业内在价值进行全面剖析的过程，不仅深刻触及企业财务状况的精髓，还广泛融合了对市场环境、行业动态及未来增长潜力的综合考量，是投融资及交易活动不可或缺的前提。投资机构的投资决策起点是深入了解并精准评估企业的价值。这一过程不仅为企业价值确立了衡量标尺,也为各类交易定价奠定了坚实基础。与此同时,数据资产化趋势的兴起,正悄然改变着企业估值的版图,它通过将业务数据转化为具有明确经济价值与交易潜能的资产,赋予企业更强的数据管理能力与决策支持,助力企业在激烈的市场竞争中脱颖而出。数据资产作为企业估值框架中的关键一环,其重要性随着资产化进程的加速而日益凸显。在评估企业价值时,数据资产的规模、质量、应用效能及潜在交易价值等维度成为投资者与分析师关注的焦点,这不仅代表了企业当前的市场竞争力,还预示着企业未来的增长潜力和盈利能力。

1. 数据资产化提升企业估值的准确性和科学性

数据资产化过程中,企业需要对数据进行清洗、整合、分类和标注等处理,使数据更加规范、易用和具有潜在价值。这一过程有助于提升数据的准确性和可靠性,从而为企业估值提供更加科学、合理的依据。此外,通过对数据资产的评估和保护,企业可以更加清晰地了解自身数据资产的价值和潜在风险,这有助于投资者更清晰地理解企业的资产构成和价值来源,进而提升估值的准确性和可信度。

2. 数据资产化推动企业估值方法的创新

传统的企业估值方法主要基于财务数据和市场表现等因素进行评估,数据资产化后,企业估值可能需要采用更加复杂和精细的估值方法,如考虑数据的潜在价值、增值能力等因素。传统的估值方法,如市盈率(PE)、市净率(PB)等,可能无法全面反映数据资产的价值,这促使企业估值方法不断创新和完善,以适应数据资产化带来的新变化和新需求。例如,一些企业开始采用基于数据价值的估值方法,通过评估数据资产的经济价值和潜在贡献来确定企业的整体价值。

3. 数据资产化提升企业估值的竞争力

在数字经济时代,数据已成为企业的核心竞争力之一,拥有丰富、高质量数据资产的企业往往能够在市场竞争中占据优势地位。通过将数据资产化，企业能够更好地管理和利用数据资源，提升数据驱动决策的能力，进而在市场竞争中脱颖而出。这种竞争优势有助于提升企业估值，原因在于投资者往往更倾向于为那些具有高增长潜力与强大市场竞争力的企业支付更高的价格。

4. 数据资产化间接影响企业估值

数据资产化不仅直接影响企业的财务数据和市场表现，还通过提升企业竞争力、优化资源配置、促进业务创新等方式间接影响企业估值。具体来说，数据资产化有助于企业更好地了解客户需求和市场趋势，从而制定更加精准的市场策略和产品策略。同时，通过数据分析和挖掘等技术手段，企业可以发现新的业务增长点和创新点，从而推动业务不断升级和发展，提升企业的市场竞争力和盈利能力，进而提高企业估值。

总之，数据资产化对企业估值产生了深远的影响，随着数字经济的不断发展，数据资产在企业价值创造中的作用越来越重要。数据资产化能提升企业估值的准确性和科学性、推动企业估值方法的创新、提升企业估值的竞争力以及间接影响企业估值。数据资产化已经成为企业实现可持续发展和提升估值的关键因素之一。同时，企业估值也为企业数据资产化的推进提供了重要的参考和依据。因此，在未来的发展中，企业需要高度重视数据资产化的重要性，通过积极推进数据资产化进程，加强数据管理和应用能力建设，充分发挥数据资产在企业估值和市场竞争中的重要作用，更好地适应数字经济发展的需要。

第4章

数据资源入表的法规框架

4.1 数据要素市场的培育

4.1.1 党的十九届四中全会：数据要素的战略定位

数据作为一种重要的生产要素首次在党的十九届四中全会上被提出，这标志着我国对数字经济时代新要素的认识达到了一个新的高度。将数据与劳动、资本、土地、知识、技术和管理要素并列，作为国家经济增长和生产力发展的核心资源。这一决策不仅凸显了数据在现代经济活动中的重要性，也为我国数字经济的发展指明了方向。

在全球范围内，数据的价值已经超越了传统的物质资源，成为驱动创新、推动经济增长的重要动力源。党的十九届四中全会强调，随着我国经济活动的数字化转型加速，数据对于提高生产效率和推动产业变革的乘数作用越来越显著，成为最具时代特征的生产要素。通过将数据纳入生产要素体系，国家旨在为数据的开发、利用、交易等活动提供政策支持，进而推动经济模式的数字化转型。

这一决策反映了我国经济结构向数字化和智能化转型的迫切需求。随着人工智能、大数据、物联网等技术的发展，数据资源的积累速度与日俱增，如何最大化利用数据成为社会各界关注的焦点。这一决策为我国进一步推动数据要素市场化发展奠定了坚实的政策基础，标志着我国将数据要素纳入国家战略层面，开启了数据要素市场化培育的新阶段。

4.1.2 构建完善的要素市场化配置体制机制：加快数据要素市场培育

2020年3月，中共中央、国务院发布了《关于构建更加完善的要素市场化配置体制机制的意见》（以下简称《意见》），这是我国推进数据要素市场化配置的重要政策文件。《意见》明确指出，数据作为一种新型生产要素，应通过市场化手段最大化其价值，提出了加快培育数据要素市场、推动政府数据开放共享、制定数据资源流通的相关制度规范等具体要求。

《意见》的发布标志着我国数据要素市场培育进入了全面加速期。《意见》明确了数据要素市场的发展路径和实施方向。政府将通过引导和支持，促进数据的流通与共享，从而推动数据资源的充分利用和优化配置。同时，强调数据要素的市场化进程应与国家数字经济的发展目标相协调，致力于构建一个公平、透明、可持续发展的数据市场生态系统。

首先，推动政府数据开放共享。政府数据的开放不仅能够促进公共数据资源的利用，还能够为企业、科研机构等提供重要的数据支持，推动各行业的数据创新和商业应用。例如，在智慧城市建设、交通管理、环境监测等领域，政府数据的开放与共享能为企业提供高质量的基础数据，帮助其开发新的应用场景和商业模式。

其次，数据要素市场的培育不仅要依赖于政府的推动，还需要充分发挥市场机制的作用。通过构建完善的数据交易制度，政府鼓励企业、科研机构、公共服务机构积极参与数据交易与共享，推动跨行业、跨部门的数据流动。这一政策导向为数据要素市场的发展提供了广阔的空间，使数据要素的市场化配置更加灵活、有效。

最后，政府要完善数据要素的确权、定价、流通和交易机制，推动数据资源的标准化、规范化。通过建立一套完备的法律法规和标准体系，为数据要素市场的发展提供法治保障。这不仅有助于保障数据流通中的各方权益，而且能够有效规范数据交易行为，进而提升数据市场的透明度和公正性。通过政策支持和市场机制的双重驱动，数据要素市场将进入一个快速发展的新阶段。

4.1.3 "十四五"规划：加快数字化发展，建设数字中国

2021年发布的《中华人民共和国国民经济和社会发展第十四个五年规划和2035年远景目标纲要》（以下简称"十四五"规划）明确提出了"加快数字化发展，建设数字中国"的国家战略目标。这一战略不仅将数字经济提升至国家发展的核心地位，还明确了数据作为核心资源在未来经济社会发展中的重要角色。

"十四五"规划明确了通过推动数字技术与实体经济深度融合来提升产业生产效率的目标。数据要素在其中发挥了至关重要的作用。国家将充分发挥在数据资源和应用场景方面的独特优势，构建一个涵盖各个行业、领域的数字化基础设施。这将极大地推动数据要素的开发、共享和应用，为经济的高质量发展提供源源不断的动力。

通过大力推动"数字中国"战略，政府致力于加速数据要素市场的建设与发展。在政策的引导下，国家鼓励企业和公共机构积极参与数据资源的整合和利用，形成一个开放、创新的数字经济生态系统。具体政策措施包括支持各类数据平台的发展，推动数字化基础设施的建设，规范数据交易市场的运行等。这些举措不仅为企业提供了广泛的数据应用场景，还为数据要素市场的发展提供了有力的制度保障。

此外，"十四五"规划还提出要加快新兴技术与产业的融合发展，以数据为核心要素，推动人工智能、物联网、区块链等新技术在产业中的应用。这一政策导向显著拓展了数据要素的应用空间，促使数据不再仅充当

信息的载体,而是跃升为驱动技术创新和产业升级的核心动力源。通过政策引导,政府致力于推动数字技术全面融入社会经济生活,使数据要素成为推动产业变革、技术进步的重要引擎。

4.2 数据合规与确权的法律探讨

在数字经济快速发展的背景下,数据已经成为企业竞争的关键因素和重要的生产要素。然而,在数据资源入表,即将数据资产化为企业财务报表的过程中,数据的合规性及确权成为法律关注的焦点。

4.2.1 数据合规问题的法律规制

数据的合规性问题,直接关系到企业对于数据资源的合法使用、妥善处理以及有序流通。随着《中华人民共和国数据安全法》《中华人民共和国个人信息保护法》《中华人民共和国网络安全法》的陆续实施,数据的合规问题得到了法律的细致规范。企业在数据资源的收集、存储、处理及流通过程中,必须严格遵守法律法规的规定,确保数据的合法性与合规性。

1. 数据来源的合规性

企业在收集数据时,必须确保数据的来源合法。这包括自行生成的数据、从公共数据平台获取的数据以及通过交易购买的数据。任何违法获取数据的行为都可能导致企业面临法律风险。根据《中华人民共和国数据安全法》的规定,从事数据交易的机构必须审核数据提供方的数据来源是否合法,并留存交易记录。

2. 数据内容的合规性

数据内容合规要求企业在存储数据时必须严格遵守国家法律法规以及

相关行业规定，确保所存储的数据内容真实、合法、合规。这意味着企业不得以任何形式存储那些未经法律法规明确授权或明确禁止采集、存储的敏感信息，包括但不限于国家机密数据、敏感数据、重要数据、商业秘密以及个人信息等。

3. 数据处理的合规性

数据处理是指企业对数据进行筛选、清洗、加密、分析等操作的过程。《中华人民共和国个人信息保护法》明确规定了个人信息处理的五大原则：合法性、正当性、必要性、透明性和安全性。企业在处理个人信息时，必须事先告知数据主体并取得其同意，超出授权范围的处理行为将被视为违法。

4. 数据管理的合规性

《中华人民共和国网络安全法》《中华人民共和国数据安全法》均对数据的管理提出了具体要求，特别是在数据跨境传输、数据存储安全及数据保护方面，法律要求企业建立完善的数据管理机制，以应对数据泄露、非法使用及跨境传输等风险。

5. 数据经营的合规性

随着数据交易市场的逐步成熟，企业对数据的经营行为也受到了更加严格的法律规制。企业需依法开展数据经营业务，在进行数据交易时，必须获得相应的资质、行政许可和充分授权，确保数据经营行为的合法性，并建立健全数据内控体系，以确保在数据经营过程中不侵犯国家安全、公共利益及个人隐私权。

4.2.2　数据确权的法律探索

数据确权是指在法律框架内，明确数据所有权、使用权及收益权等一系列权利的归属问题。这是数据资源资产化、数据流通及数据交易的前提和基础。只有在明确数据权属的前提下，企业才能进行合法的数据交易，并通过数据资产创造经济效益。

1. 数据权属问题的法律基础

在传统的物权法体系中，财产权一般指的是对物的所有权，但由于数据具有虚拟性、可复制性、非稀缺性等特性，不同于传统的物理财产，因此在法律上无法简单地适用传统物权法的规定。

（1）《中华人民共和国民法典》与数据权属。《中华人民共和国民法典》虽然承认了数据的民事权益地位，但对具体的权属问题未进行详细规定。因此，数据的权属问题在法律上仍是一个未完全明确的领域。当前的立法更多的是强调数据的使用权和数据隐私权，而对数据所有权的定义仍处于模糊状态。

（2）《中华人民共和国数据安全法》与《中华人民共和国个人信息保护法》。《中华人民共和国数据安全法》明确了对数据作为一种"关键要素"的保护，确认了数据主体的权益。这部法律首次将数据全生命周期各环节的安全保护责任写入法规，确保数据资源在处理、存储、流通过程中能得到有效保护。《中华人民共和国个人信息保护法》则聚焦于数据资源中的个人信息部分，明确规定了个人数据的使用、处理及跨境传输等内容。

（3）"三权分置"模式的提出。2022年12月，中共中央、国务院发布的《关于构建数据基础制度更好发挥数据要素作用的意见》（以下简称"数据二十条"）首次提出了"三权分置"的数据产权结构性分置制度，即数据资源持有权、数据加工使用权和数据产品经营权的分置。这一制度创新性地将传统的所有权概念弱化，强调不同主体对数据的持有、加工及经营权利，进而有效解决了数据的权属争议问题。

2. 权属确认

（1）数据资源持有权。数据来源的合法性审查是数据确权的第一步。《中华人民共和国数据安全法》要求企业对数据的来源进行合法性审查，确保数据的原始获取途径合法。在实际操作中，企业通常通过数据溯源机制，审查上游数据提供方的合法性，以确保所获取数据的来源合法合规。

（2）数据加工使用权。"数据二十条"明确提出，数据加工使用权是在数据持有者对数据进行加工的过程中获得的合法权利。企业通过合法加工数据，可以获得加工数据的使用权，并依法获得相应的经济收益。这一权利的确立，有助于企业进一步挖掘数据的潜在价值。

（3）数据产品经营权。数据产品是指企业通过对数据进行深度加工及创新性处理后形成的产品，如数据分析报告、数据指数等。"数据二十条"明确了数据产品经营权，企业可以依法经营及交易数据产品，但必须确保数据产品的合法来源，并严格遵守数据的授权范围，避免因过度使用或非法使用而引发数据安全风险。

3. 数据确权的技术手段与法律保障

在数据确权过程中，技术手段与法律保障同样重要。通过技术手段，企业可以有效解决数据的权属问题，同时通过法律途径对其合法权益予以确认。

（1）区块链技术在数据确权中的应用。区块链技术具有去中心化、不可篡改及公开透明的特性，因此在数据确权中，能够有效记录数据的权属变更及数据使用记录。借助区块链技术，企业可以实现数据的溯源、确认数据权属的合法性及交易过程的透明性，从而提高数据交易的可信度。

（2）数据分类分级管理。"数据二十条"提出了对数据进行分类分级管理的要求。通过分类确权，国家为不同类型的数据（如公共数据、企业数据和个人数据）确立了不同的使用和管理方式，以此确保数据的安全性及合规性。在确权过程中，不同类别的数据，其确权路径及合规要求也会有所不同。

（3）合同约定与授权机制。在当前数据确权法律体系尚未健全完善的情况下，企业可以通过合同约定及授权机制，明确数据的权属归属及使用范围。通过合法授权，企业可以获得数据的加工权、使用权及经营权，从而有效规避数据权属不明带来的法律风险。

4.3 财政部关于《企业数据资源相关会计处理暂行规定》的解读

4.3.1 《企业数据资源相关会计处理暂行规定》

随着数据资源的广泛应用,特别是在互联网、金融、科技等领域,数据资源的经济价值越来越被认可。因此,规范数据资源的会计处理成为迫切的需要。2023年8月21日,针对企业数据资源相关会计处理和会计信息披露等问题,财政部印发了《企业数据资源相关会计处理暂行规定》(以下简称《暂行规定》),自2024年1月1日起施行。这意味着数据资源在符合条件的情况下有可能被确认为企业的"资产",在企业财务报表中显性化。《暂行规定》旨在为企业提供关于数据资源在会计处理上的统一规范。《暂行规定》主要内容如图4-1所示。

适用范围	·适用于企业按照企业会计准则相关规定确认为无形资产或存货等资产类别的数据资源,以及因不符合企业会计准则相关资产确认条件而未确认为资产的数据资源的相关会计处理,企业合法拥有或控制的、预计会给企业带来经济利益的数据资源。
确认与计量	·确认:数据资源按照企业会计准则分别确认为数据资源无形资产和数据资源存货。具体根据无形资产(或存货)的定义和确认条件予以确认。 ·计量:根据《企业会计准则第6号——无形资产》(或《企业会计准则第1号——存货》),计量以下情景的数据资源:通过外购方式取得的数据资源无形资产、自行开发形成的数据资源无形资产、通过外购方式取得的数据资源存货、通过数据加工取得的数据资源存货。
列示	·在资产负债表进行列示。 ·根据企业的实际情况并结合重要性原则,在"存货"下增设"其中:数据资源"项目;在"无形资产"下增设"其中:数据资源"项目;在"开发支出"项目下增设"其中:数据资源"项目。
披露	·创新采取"强制披露加自愿披露"方式,企业可据实际情况,对数据资源的应用场景及业务模式、对企业创造价值的影响方式、与数据资源应用场景相关的宏观经济和行业领域前景等相关信息进行自愿披露。

图4-1 《暂行规定》主要内容

4.3.2 《暂行规定》政策解读

1. 《暂行规定》制定的背景

（1）贯彻决策部署，服务数字经济。当前，数字经济已成为推动经济高质量发展的重要引擎。党中央、国务院高度重视数字经济发展，明确提出加快建设数字中国、加快发展数字经济的目标。习近平总书记强调，数据是基础资源，也是重要的生产要素，要发挥数据的基础资源作用和创新引擎作用，加快形成以创新为主要引领和支撑的数字经济。《暂行规定》通过规范企业数据资源的会计处理，将数据资源纳入企业财务报表，有助于准确反映企业数据资源的价值，促进数据要素的流通和配置，推动数字经济的健康发展。

（2）回应实务需求，规范会计处理。随着数据要素市场建设的推进，企业对数据资源的重视程度不断提高，数据资源在企业价值创造中的作用日益凸显。然而，数据资源作为一种新型的资产形式，其会计处理方式尚不明确，导致部分企业在进行会计处理时存在困惑。《暂行规定》的制定，正是为了回应企业会计实务中的需求，规范企业数据资源的会计处理。它明确了数据资源可以作为资产确认的条件和标准，并对数据资源的计量、摊销、披露等会计处理流程进行了规范，为企业提供了明确的操作指南，有助于提高企业会计信息的质量，增强企业财务报表的可比性。

（3）加强信息披露，完善治理体系。数据资源作为一种新型的资产形式，其价值评估和风险控制等方面与传统资产存在较大差异。为了更好地反映数据资源的价值，降低数据资源的风险，需要加强对数据资源的披露。《暂行规定》要求企业对确认为无形资产或存货的数据资源进行强制披露，并鼓励企业自愿披露数据资源的应用场景、业务模式、加工维护情况等信息。这有助于监管部门、投资者等利益相关方更好地了解企业数据资源的价值，完善数字经济治理体系，促进数字经济的健康发展。

（4）推进创新研究，服务未来发展。数据资源的会计处理是一个新兴的领域，需要不断进行探索和创新。《暂行规定》的制定为数据资源的会计处理提供了初步的框架,但随着数字经济的不断发展,数据资源的会计处理仍需进一步完善。财政部门将大力推动数据资源相关会计问题的深入研究,跟踪国际会计领域对数据资源的研究进展,并结合我国数字经济发展的实践,加强会计理论前瞻性研究,促进会计理论实践与经济社会发展的有机结合,为数据资源的会计处理提供更加完善的制度保障,更好地服务数字经济未来的发展。

2. 制定《暂行规定》主要遵循的原则

(1) 依法依规,务实有效。《暂行规定》的制定严格遵守了我国现行的法律法规和企业会计准则。企业在进行数据资源的会计处理时,仍需遵守现有会计准则,确保会计处理的合规性和一致性。同时针对数据资源的特点,制定了专门统一的规定,解决了实务中数据资源是否可以作为会计上的资产进行确认以及可以作为哪类资产"入表"的疑虑,并明确了数据资源的计量基础。

(2) 聚焦实务,加强指引。《暂行规定》的制定充分借鉴了社会公开征求意见和专题调研的结果,采纳了各方提出的合理建议。它结合当前企业数据资源的特点和业务流程,对实务中反映的重点问题如成本构成、使用寿命估计等进行了细化规定,以规范和推动企业能够准确执行相关具体会计准则。

(3) 加强创新,积极稳妥。为了更好地满足利益相关方对数据资源信息的需求,并兼顾信息需求、成本效益和商业秘密保护,《暂行规定》创新性地采取了"强制披露加自愿披露"的方式。强制披露部分要求企业对确认为无形资产或存货的数据资源进行披露。自愿披露部分则鼓励企业根据自身情况,自愿披露数据资源的相关信息。这有助于利益相关方更全面地了解企业数据资源的价值创造过程和潜在风险,提升企业透明度和公信力。

3.《暂行规定》的主要内容

(1) 适用范围:明确界定,灵活调整。《暂行规定》首先明确了其适用范围。它适用于满足企业会计准则规定并确认为相关资产的数据资源，以及不符合资产确认条件而未予确认的数据资源。既涵盖了已经确认为资产的数据资源，也考虑了未来可能出现的新型数据资源，为数据资源的会计处理提供了较为全面的指导。未来，随着数据资源的相关理论与实务的发展，其适用范围可以及时跟进调整，以适应不断变化的经济环境和不断演进的技术发展趋势。

（2）会计处理准则：分类指导，细化操作。《暂行规定》根据企业使用数据资源的不同业务模式，明确了相关会计处理适用的具体准则。例如，对于企业自身使用的数据资源，根据其是否满足无形资产或存货的确认条件，分别适用《企业会计准则第 6 号——无形资产》或《企业会计准则第 1 号——存货》进行会计处理；对于企业对外提供服务所使用的数据资源，则适用《企业会计准则第 14 号——收入》进行会计处理。此外，《暂行规定》还对实务中反映的一些重点问题进行了细化规定，例如，数据资源的成本构成、使用寿命估计、摊销方法等，为企业在进行数据资源的会计处理时提供了更加明确的操作指南。

（3）列示与披露要求：强化披露，提升透明度。《暂行规定》要求企业根据重要性原则同时结合自身的实际情况，在资产负债表、利润表等相关报表中增设报表子项目，以表格形式对数据资源的会计信息进行细化披露。例如，在资产负债表中增设"数据资源"子项目，反映确认为无形资产或存货的数据资源的账面价值；在利润表中增设"数据资源相关收入"和"数据资源相关成本"子项目，反映企业利用数据资源产生的收入和成本。此外，《暂行规定》还鼓励企业自愿披露数据资源的应用场景、业务模式、加工维护情况、涉及的重大交易事项、相关权利失效和受限等信息，以提升企业数据资源的透明度和可理解性。

（4）附则：明确施行时间，要求采用未来适用法。《暂行规定》明确了施行时间为 2024 年 1 月 1 日，并要求企业采用未来适用法执行该规定。这意味着企业在《暂行规定》施行前已费用化计入损益的数据资源相关支出不再调整，从而避免了企业会计政策的频繁变动，保证了会计处理的稳定性。

4. 企业在实施《暂行规定》时需要注意的事项

（1）做好衔接，确保会计政策的稳定性。《暂行规定》并非颠覆现行企业会计准则体系，而是在其框架下进行细化规范。在会计确认与计量方面，它和现行无形资产、存货、收入等相关准则保持一致，不属于国家统一的会计制度要求变更会计政策。企业在执行《暂行规定》时，需要确保与现行准则的平稳过渡，避免会计政策的频繁变动，保持会计处理的一致性和可比性。

（2）精准执行，保证会计处理的准确性。企业在处理数据资源时，应结合自身的实际情况和业务实质，严格按照企业会计准则关于相关资产的定义和确认条件、无形资产研究开发支出的资本化条件等规定以及《暂行规定》的有关要求，综合所有相关事实和情况，合理作出职业判断并进行会计处理。

（3）主动披露，提升企业透明度。数据资源作为企业核心竞争力的关键要素，其价值创造过程和潜在风险受到各方关注。企业应当积极履行信息披露义务，向投资者、监管部门、社会公众等利益相关方提供充分、及时、准确的信息，提升企业透明度和公信力。

5. 财政部将如何做好《暂行规定》的实施指导工作

（1）师资培训与实务指导。第一，组织师资培训。财政部将组织一系列的师资培训，涵盖省级财政部门和其他相关机构，确保他们具备足够的知识和技能来指导企业正确执行《暂行规定》。第二，引导企业执行。财政部将与数据相关企业进行沟通，确保他们理解并遵循《暂行规定》的要求，包括数据资源的确认、计量、披露等方面。第三，加强信息披露。财政部将鼓励企业加强数据资源相关信息披露，包括数据资源的类别、成本、使用寿命、摊销方法等信息，以提高财务报告的透明度和可理解性。

（2）持续跟进与深入指导。第一，跟踪实务发展。财政部将密切关注数据资源实务发展，包括数据资源的获取、加工、应用等方面，以及《暂行规定》在实际执行中的情况。第二，深入研究重点问题。财政部将与有关各方合作，针对实务中关注的重点问题，如数据资源的确认、计量、披露等进行深入研究。第三，案例问答指导。财政部将通过案例问答等方式，针对具有典型性代表性的实务情形，提供具体的实施指导，帮助企业更好地执行《暂行规定》。

（3）理论研究与实践探索。第一，持续研究。财政部将持续关注数据资源相关会计问题，包括数据资源的确认、计量、披露等方面，以不断深化研究。第二，跟踪国际进展。财政部将跟踪国际会计领域对数据资源的研究进展，以了解国际上的发展趋势和最佳实践。第三，理论实践结合。财政部将以我国数字经济发展实践为基础，加强会计理论前瞻性研究，将理论研究与实践相结合，为数据资源业务和数字经济发展提供有力的会计支持。

4.4 数据交易与安全的法规框架

4.4.1 数据交易的法规框架

1. 数据交易市场的发展背景与现状

在数据要素市场的建设中，我国政府逐步推动数据作为一种新型生产要素的市场化配置。《中共中央、国务院关于加快建设全国统一大市场的意见》明确指出，要加快培育数据要素市场，建立健全包括数据流通、交易、开放共享等在内的基础制度和标准规范。此外，2021年12月，国务院办公厅印发的《关于要素市场化配置综合改革试点总体方案》进一步推动了数据市场化交易规则的完善，强调数据作为资源要素，需通过合法合规的流通和交易，充分发挥其经济价值。

数据交易市场作为数字经济的核心基础，逐渐成为资源配置、企业创新的重要工具。数据交易市场分为场内交易和场外交易两大类。场内交易主要依托于数据交易所和数据交易中心进行，而场外交易则是在企业或个人之间通过私下开展的自主交易行为。目前，场外交易相较于场内交易更为活跃，导致一些数据交易面临合法性与合规性的风险。因此，加强对场外交易的管理显得尤为重要。

2. 数据交易的法律法规与政策支持

为规范数据交易行为，我国出台了一系列法律法规和政策支持文件。《中华人民共和国数据安全法》确立了数据的管理体系和安全保护要求，明确了数据的全生命周期管理，要求数据交易需符合国家规定的安全管理制度。《中华人民共和国网络安全法》强调网络数据的安全管理与监管，规定数据交易中的跨境传输必须符合国家规定的安全标准，确保数据安全和隐私保护。《要素市场化配置综合改革试点总体方案》鼓励通过完善数据流通交易规则，推动数据交易市场的健康发展。特别是对于原始数据的交易，提出了"原始数据不出域，数据可用不可见"的交易模式，确保在数据共享的同时保护数据的隐私与安全。

3. 数据交易的流程与机制

数据交易的市场化运作逐渐完善，数据交易的流程一般可归纳为"数据交易七步法"，其中包括数据采集、数据整理、数据确权、数据评估、数据合约签订、数据传输和交付、数据质量检验等步骤。每一个步骤都需要结合国家相关的法律法规，确保数据的合法流通和使用。

同时，政府大力推动公共数据开放共享机制，通过建立数据基础支撑平台、构建高效的公共数据共享协调机制，促进公共数据的有序流通与共享。例如，在企业登记、卫生健康等高价值数据集领域，逐步推进数据的开放和社会共享，探索政府数据的授权运营模式。

4. 数据交易市场中的主要挑战

尽管数据交易市场发展迅速，但在实际操作过程中仍存在一系列挑战。首先，数据确权问题尚未完全解决，企业和个人的数据产权不明确，导致数据交易中的权责不清。其次,部分地区数据交易平台建设滞后,数据供给不足,影响了市场的流通效率。未来,随着技术手段的不断提升,数据确权机制、交易技术标准和法律法规的进一步完善,将有助于提升数据交易的合规性和效率。

4.4.2 数据安全的法规框架

1. 数据安全的基本原则

数据安全是数据交易得以顺利进行的重要保障。随着数字化经济的发展,数据安全的重要性不断凸显。《中华人民共和国数据安全法》明确了数据安全的各项要求,强调要对数据的收集、存储、使用、加工、传输、提供、公开等环节进行全方位的安全管理。

2020年3月,中共中央、国务院发布的《关于构建更加完善的要素市场化配置体制机制的意见》明确指出,国家应通过完善的数据隐私保护和安全审查制度,切实保障数据在流通过程中不侵犯个人隐私和企业商业秘密。通过建立数据分类分级安全保护制度,确保不同类型的数据在交易和使用过程中受到相应的法律保护。

2021年12月,国务院办公厅印发的《关于要素市场化配置综合改革试点总体方案》提出,要建立健全数据安全保护的管理体制,强化网络安全等级保护要求,推动数据分级分类安全保护制度的完善,建立数据安全认证制度。

2. 数据安全的标准与技术措施

在数据安全保护中,建立标准化的数据安全策略是确保数据流通和使用安全的基础。具体措施包括:

(1)数据分级分类管理。将数据根据其敏感度和重要性进行分级分类,不同级别的数据采取不同的安全保护措施。例如,敏感数据需要更严格的加密与访问控制。这种管理模式能够有效防止数据泄露或滥用。

(2)数据加密技术与访问控制。为了保护数据的机密性和完整性,加密技术是必不可少的。数据在存储和传输过程中需通过强大的加密算法进行保护,确保数据不被未经授权的用户访问。同时,通过身份认证和权限管理,确保只有具备合法权限的用户能够访问相关数据。

(3) 数据共享与脱敏技术。隐私计算技术,如同态加密、联邦学习等,能够在不泄露数据具体内容的情况下,实现数据的共享与处理。此外,数据脱敏技术通过对敏感信息进行处理,确保数据在使用过程中不会泄露隐私。

(4) 数据审计与监控。在数据的全生命周期中,实时监控和审计技术能够及时发现异常行为,预防和应对安全风险。例如,日志记录、安全事件管理系统(SIEM)等技术手段能够对数据访问和操作进行全方位的监控。

3. 数据隐私保护的法律法规

在全球范围内,数据隐私保护逐渐成为政策制定的重点领域。《中华人民共和国个人信息保护法》通过细化个人信息的保护措施,要求所有数据处理活动必须符合法律法规的要求,特别是对个人敏感信息的处理,必须获得明确的同意。数据处理者需对个人数据的收集、存储和使用进行严格管理,确保数据处理的合法性与正当性。此外,用户有权对其个人数据进行访问、更正和删除,企业必须确保用户的这些权利能够得到充分保障。同时,为了在数据共享和交易过程中保护隐私,去标识化和匿名化技术被广泛应用。通过这些技术,个人信息的特征被去除,从而降低了隐私泄露的风险。

4. 数据安全中的跨境数据流动管理

随着全球化的加速,数据的跨境流动问题也越发受到关注。《中共中央、国务院关于加快建设全国统一大市场的意见》指出,对于涉及国家安全的重要数据,必须实行严格的出境安全管理制度。这一措施切实保障了跨境数据流通中的国家安全和企业利益不受损害。《中华人民共和国数据安全法》规定,跨境传输重要数据时需进行安全评估,尤其是涉及国家安全、公共利益的数据，需经过严格的审核与监管。政府要加强对跨境数据流动的管控，确保在国际合作与数据共享的同时，维护国家数据安全。

5. 数据安全的主要威胁与应对措施

随着网络攻击和数据泄露事件的频繁发生，数据安全威胁成为各企业和机构面临的重大挑战。为了应对日益严峻的数据安全挑战，企业需构建全方位的数据安全防护体系。对于黑客攻击、恶意软件对数据安全构成的严重威胁，企业需加强对网络系统的防护，通过安装防火墙、入侵检测系统、防病毒软件等技术手段，阻止黑客和恶意软件的入侵。同时，内部员工泄露数据与误操作的风险也不容忽视。为此，企业需加强内部安全管理，制定严格的内部数据访问权限管理和数据审计机制，防止因员工疏忽或故意导致的数据泄露。在遭遇网络攻击或自然灾害等突发事件时，企业需要快速恢复数据，及时定位问题并采取补救措施。完善的应急响应机制能够确保数据在遭遇安全事件后尽快恢复正常运作。

4.5 数据评估与管理的法规框架

4.5.1 数据评估的法规框架

数据资产评估是一项专业的服务行为，要求评估机构遵守相关法律法规，客观公正地对数据资产价值进行评估。2023 年 9 月，中国资产评估协会发布的《数据资产评估指导意见》为数据资产评估提供了具体的操作框架。

1. 数据资产评估的基本原则

根据《数据资产评估指导意见》的要求，评估机构及专业人员在开展数据资产评估业务时必须严格遵循独立性、公正性和专业性原则。这些基本原则确保评估过程和结果的可靠性,评估人员必须具备足够的专业知识和经验,独立进行分析和估算,并不得受委托人干预。此外,保密性原则也是开展数据资产评估需要遵守的重要原则,以保证数据资产安全和权益人的合法权益。

2. 数据资产评估的对象与范围

数据资产的非实体性、可共享性、可加工性、依托性和价值易变性等特点决定了其在评估过程中的特殊要求。评估对象包括数据的基础信息、权利信息和价值属性等。例如,基础信息涉及数据名称、规模、产生频率和存储方式等,权利信息涉及数据的产权、授权使用信息,价值属性则涵盖数据的商业应用场景、稀缺性、覆盖地域等。根据《数据资产评估指导意见》的要求,数据资产评估不仅要考虑其现有应用场景的价值,还需考虑其潜在的未来价值及应用风险。同时,还要关注数据资产持有权、使用权和经营权等数据产权,并进行针对性分析。

3. 数据资产评估的方法

评估数据资产的价值主要通过三种方法进行:成本法、收益法和市场法。成本法是通过核算生成和维护数据资产所产生的全部费用来评估其价值,包括前期费用、直接成本、间接成本等。此方法适用于数据资产重置或再生产的成本评估。收益法即根据数据资产带来的经济收益来评估其价值,尤其是预测未来数据应用可能带来的经济价值。评估时需考虑收益的可预测性、折现率等因素。市场法则以市场上相似数据资产的交易案例为参考,通过对比分析得出评估对象的价值。这一方法要求评估人员充分了解数据资产的交易市场、市场参与者及供求关系。在实际评估中,评估人员可根据数据资产的特性和应用场景,灵活使用上述方法或其衍生方法。

4. 数据资产评估流程

数据资产评估通常包括五个核心步骤:

(1)前期准备。初步了解数据资产的基本情况,建立委托关系,确定评估的基准日,并制定评估计划。

（2）现场调查。在掌握初步资料的基础上，对数据的法律属性、信息属性和价值属性进行核查。例如，数据资产的权利范围、存储方式、数据规模、数据周期等信息都是现场调查的重要部分。

（3）数据质量评价。数据质量的高低直接影响评估结果，因此在评估过程中需要执行数据质量评价程序。常用方法包括模糊综合评价法、层次分析法和德尔菲法等。

（4）市场调研。了解数据在市场中的供求关系、应用场景、市场前景等，特别是在数据资产估值中，市场环境的变化对数据资产的定价影响很大。

（5）评定估算。选择适合的数据资产评估方法，根据收集的数据和市场调研结果进行计算，最终出具评估报告。

5. 数据资产评估的影响因素

在数据资产评估中，影响其价值的因素非常复杂，常见的影响因素主要包括四个方面：

（1）技术因素。数据资产的获取、存储、处理和分析等技术环节决定了数据的可用性和可操作性，技术因素直接影响数据资产的成本和应用潜力。

（2）数据容量和质量。数据的容量和质量直接影响其商业价值。大容量、高质量的数据通常具有更广泛的应用场景和更高的市场需求。

（3）应用场景。不同的数据资产在不同的应用场景中会产生不同的价值。某些数据在特定行业或商业模式下具有极高的应用价值，而在其他领域则可能较为有限。

（4）市场供求关系。在数据市场供不应求时，数据资产的价值可能会被推高。反之，若市场上类似数据资产过多，其价值可能会被削弱。因此，市场调研是数据资产评估的重要组成部分。

6. 评估结果的披露与管理

评估结果应以评估报告的形式进行披露，报告内容包括数据资产的基本信息、如数据的类型、规模、产生频率和存储方式等；还应包括对数据质量的评估情况，以帮助使用者了解数据资产的实际情况和潜在风险；在应用场景部分，应描述数据资产在特定行业或领域的使用情况；同时宏观经济影响也不可忽视，评估报告应分析数据资产对整体经济环境的潜在贡献。此外，报告还应说明评估方法的选择理由，包括为何选择特定的评估方法、使用的参数来源以及估算过程，确保报告使用人能够正确理解评估结论。

4.5.2 数据管理的法规框架

数据资产管理是确保数据资产价值实现的关键环节，旨在确保数据资产能够有效、合规、安全地使用和流通。2023年12月，财政部发布的《关于加强数据资产管理的指导意见》为数据资产管理提供了全面的政策指导，涵盖数据资产确权、分类分级、价值评估、开发利用、收益分配、安全保障、监测预警、应急管理、信息披露和报告等多个方面。

1. 数据资产管理的基本原则

数据资产管理的基本原则包括安全与合规并重、权责分置、分类分级管理和市场与政府协同等。这些原则确保数据资产管理在实现数据价值最大化的同时，不违反数据安全及个人隐私保护的相关法律规定。数据资产的开发和使用必须符合《中华人民共和国网络安全法》《中华人民共和国数据安全法》《中华人民共和国个人信息保护法》等相关法律法规的要求。

2. 数据资产的权责划分

在数据资产的管理过程中，确权是核心环节。《关于加强数据资产管理的指导意见》明确了数据资产的持有权、使用权和经营权，并要求不同权利主体承担相应的责任。通过明晰数据资产的权利分置，可以确保数据资产在流通和使用过程中合法合规。在确权过程中，数据资产管理者需明确数据资源持有权与数据加工使用权之间的区别。对于公共数据资产，提出了数据使用权的授权管理机制，确保数据资产在使用过程中的可追溯性和安全性。

3. 数据资产分类与分级管理

分类与分级管理是数据资产管理中的重要步骤。《关于加强数据资产管理的指导意见》要求，应对数据资产按照其应用场景、价值大小和潜在风险进行分类分级管理。针对不同级别的数据资产，采取相应的管理措施，确保高价值数据资产能够得到重点保护和合理开发。分类分级管理有助于明确公共数据资产与商业数据资产的界限。在具体管理过程中，公共数据资产需要在保护公共利益的前提下，确保合理开发和利用。

4. 数据资产的安全管理

数据资产的安全管理是管理框架中的重要一环。《关于加强数据资产管理的指导意见》要求，数据资产权利主体需建立健全全流程数据安全管理机制，提升数据保护能力，防范数据泄露、损毁等风险。对于公共数据资产，特别是在涉及国家安全、商业秘密和个人隐私时，必须遵循相关法律的安全要求，确保数据不被滥用或泄露。同时，还规定了数据资产销毁的流程，要求对于失去使用价值的数据资产进行安全销毁，以防止数据残留引发的潜在安全风险。

5. 数据资产的开发与利用

为了促进数据资产的价值实现，《关于加强数据资产管理的指导意见》提出了完善的数据资产开发利用规则。在不侵犯个人隐私和国家安全的前提下，鼓励企业及公共机构将数据资产用于经济活动中。数据资产的开发应遵循"原始数据不出域、数据可用不可见"的要求，确保数据资产的可控性和安全性。

6. 数据资产的价值评估与收益分配

数据资产的价值评估是推动数据资产化的基础步骤。《关于加强数据资产管理的指导意见》鼓励企业、研究机构和政府部门探索建立数据资产价值评估体系，完善数据资产评估标准和制度。特别是在公共数据资产的评估中，要求通过公开、公正的方式对数据资产进行价值评估，确保评估结果的公平性和透明度。在收益分配方面,提出了"谁投入、谁贡献、谁受益"的原则,支持数据资产的价值再开发和再分配。公共数据资产的收益应当按照法定程序和规定进行再分配,确保各权利主体都能够获得合理的回报。

7. 数据资产的全流程监控与信息披露

为了确保数据资产管理的透明性和安全性,《关于加强数据资产管理的指导意见》要求,应对数据资产的全流程进行监控,并定期披露数据资产的信息。这不仅有助于提升数据资产管理的合规性,还能促进数据资产在市场中的流通和使用。

数据资产交易平台也应当定期披露交易流通情况,确保数据交易市场的公开透明。此外,还规定了数据资产管理过程中的应急管理机制,以应对可能发生的数据泄露或资产流失风险。

表4-1梳理了数据要素重要政策时间节点与内容要点。

表4-1　　　　数据要素重要政策时间节点与内容要点

时间	政策名称	内容要点
2019.10.28	《中国共产党第十九届中央委员会第四次全体会议公报》	首次将数据纳入生产要素
2020.4.9	中共中央、国务院《关于构建更加完善的要素市场化配置体制机制的意见》	首次提出培育数据要素市场
2021.3.13	《中华人民共和国国民经济和社会发展第十四个五年规划和2035年远景目标纲要》	提出建立健全数据要素市场规则
2021.11.30	工业和信息化部《"十四五"大数据产业发展规划》	推动建立市场定价、政府监管的数据要素机制
2021.12.21	国务院办公厅《要素市场化配置综合改革试点总体方案》	要求探索建立数据要素流通规则
2022.1.12	国务院《"十四五"数字经济发展规划》	鼓励市场主体探索数据资产定价机制
2022.3.25	《中共中央、国务院关于加快建设全国统一大市场的意见》	要求加快培育统一的技术和数据市场

续表

时间	政策名称	内容要点
2022.6.22	中央全面深化改革委员会第二十六次会议审议通过《关于构建数据基础制度更好发挥数据要素作用的意见》	创新数据产权观念,淡化所有权、强调使用权,提出"三权分置"的数据产权制度
2022.2.1	财政部关于征求《企业数据资源相关会计处理暂行规定(征求意见稿)》意见的函(财办会〔2022〕42号)	数据资源会计计量办法指引
2023.8.21	财政部发布《企业数据资源相关会计处理暂行规定》	正式推进企业数据资源入表
2023.9.12	中国资产评估协会发布《数据资产评估指导意见》	规范数据资产评估行为
2023.12.31	财政部印发《关于加强数据资产管理的指导意见》	规范和加强数据资产管理,推动数据要素市场发展
2023.12.31	国家数据局等17部门印发《"数据要素×"三年行动计划(2024—2026年)》	提出了未来三年数据要素市场发展的目标和任务
2024.5.2	国家数据局印发《数字中国建设2024年工作要点清单》	从九个方面对2024年数字经济重点工作作出部署

第 5 章

数据资源入表的前期准备

在当今数字化时代,数据已经成为企业最重要的战略资产之一。然而,如何将这些海量的数据转化为有价值的信息,并以此驱动企业的业务增长和决策优化,是许多企业面临的挑战。本章将深入探讨数据资源入表的前期准备工作,旨在帮助企业更好地管理和利用数据资产。

首先,我们将探讨数据资源入表过程中的各参与主体,包括企业内部参与部门和外部参与机构。企业内部参与部门有数据战略领导小组、业务部门、技术支持部门等,它们各司其职,共同推动数据资源的整合与入表工作。此外,外部参与机构中的数据服务提供商、数据交易机构、事务所等也是不可或缺的力量,它们能为企业提供专业的数据治理建议和技术支持。

其次,我们将讨论数据合规与确权的重要性。随着数据隐私保护法规的日益完善,数据合规已成为企业数据管理的首要任务,所以,企业需严格遵守相关法律法规,确保数据在收集、存储、处理和使用方面均符合法律要求,避免因违规操作而引发的法律风险和声誉损失。同时,明确数据所有权是企业数据管理的基石。只有清晰界定数据的归属权和使用权,才能有效避免数据纠纷,保障企业的合法权益。

再次,数据治理是本章的重点内容。我们将详细介绍数据治理的定义、目的、治理方案以及治理路径,帮助企业在数据管理方面建立一套完整且有效的流程。第一，我们将详细阐述数据治理的定义，揭示其在企业数据管理中的核心作用。第二，我们将讨论数据治理的主要目的，包括但不限于提高数据质量、促进数据共享、保障数据安全。第三，我们将介绍数据治理的具体实施方案，它涵盖建立专门的数据治理组织、加强先进数据治理工具的使用以及将数据治理融入数据管理三个方面。第四，我们将探讨数据治理的实施路径，为企业提供切实可行的操作指南。

最后，我们将探讨数据资产评估的方法和过程。第一，通过对数据的分类与分级，可以使企业更准确地理解和定义这些数据资产。因为这种分类和分级不仅能够帮助企业识别出哪些数据是关键的，而且还可以帮助企业确定每种数据的风险和价值。企业可以根据这些分类和分级，选择适当的方法来评估这些数据资产。第二，我们给出了数据资产评估的过程，它可以帮助企业更加科学地评估数据资产，更好地运用数据资产。

5.1 数据资源入表的参与主体

5.1.1 企业内部参与部门

企业内部参与部门中的数据战略领导小组、业务部门、技术支持部门等各司其职，共同推动数据资源的整合与入表工作。企业内部参与部门如图 5-1 所示。

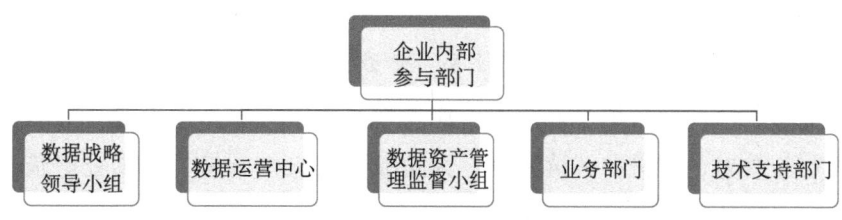

图 5-1 企业内部参与部门

1. 数据战略领导小组

该小组由公司高层领导组成，如 CEO、CIO、CDO（首席数据官）等，负责制定公司的数据战略、政策和标准以及监督它们是否有效运行。该小组的职责包括但不限于：制定公司的数据战略和目标、批准和监督数据治理项目的实施、审批和监控数据预算的使用、确保数据合规性和安全性。

2. 数据运营中心

作为数据战略领导小组的执行部门，数据运营中心负责具体执行数据管理政策、标准和流程等工作。该中心的成员通常包括数据治理专家、数据分析师、数据科学家等。他们的职责包括但不限于：制定和执行数据治理政策和标准、提供数据质量保证服务、建立和维护数据字典和数据模型、培训员工数据管理知识和技能。

3. 数据资产管理监督小组

数据资产管理监督小组是保障数据资产入表工作质量的重要环节。该小组应定期开展检查和考核工作，对数据资产管理流程的执行情况进行监督，确保各项工作按照既定计划有序进行。此外，为了确保数据资产价值的准确性，企业还可以选择具有相关资质的第三方机构对本公司的数据资产进行评估和开展审计。这些第三方机构应具备专业的评估能力和丰富的实践经验，能够为企业提供客观、公正的数据资产评估结果，从而保障企业的数据资产管理工作高效、准确。

4. 业务部门

业务部门作为数据的主要生成者和使用者，主要负责数据的收集、处理和分析，以此来满足业务的需求。业务部门的成员通常包括业务分析师、市场营销人员、销售人员等。业务部门的职责包括但不限于：收集和整理业务数据、分析和解读数据，为业务决策提供支持，根据业务需求提出数据治理的相关建议和要求。

5. 技术支持部门

技术支持部门负责维护和优化数据基础设施，确保数据的安全性和可靠性。该部门的成员通常包括数据库管理员、系统管理员、网络工程师等。他们的职责包括但不限于：维护和升级数据库和数据仓库、保障数据的备份和恢复、提供数据访问和技术支持、确保数据的安全性和合规性。

5.1.2 企业外部参与机构

对于企业来说，数据资产入表是企业一项重要战略工作，具体实施不仅需要内部数据部门、业务部门、技术支持部门等的共同参与；同时，也需要企业外部单位的协同参与。企业外部参与机构如图5-2所示。

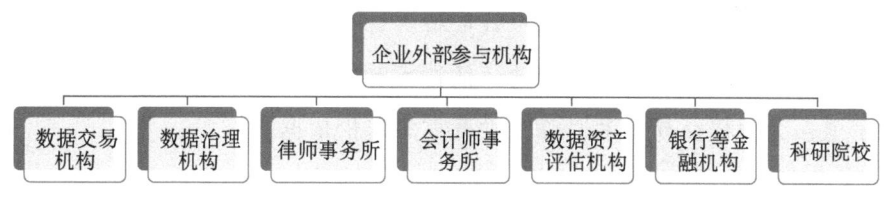

图 5-2 企业外部参与机构

1. 数据交易机构

数据交易机构也称为数据交易中心，其为数据的提供方和接受方提供了一个交易的平台。数据交易机构负责组织、协调和管理数据资产的交易活动，其中包括确权和交易撮合等关键环节。通过数据交易机构上架交易的数据产品，通常意味着这些数据已经符合了一定的合规性要求。

2. 数据治理机构

数据治理机构专注于数据治理及质量评估，确保数据的准确性、完整性和可用性。它们负责数据业务及产品的开发，通过高效的数据治理流程，快速输出高质量的数据产品，为数据资产入表提供坚实的数据基础。

3. 律师事务所

律师事务所从法律角度对数据资产入表过程进行合规评估与审查,确保企业的数据资产管理和交易活动符合法律法规要求。它们会详细审查数据权属、数据使用权限、数据交易合同等法律文件,确保业务不触碰法律红线,降低企业的法律风险。

4. 会计师事务所

会计师事务所通过协助企业从财务角度完成数据资产入表的全流程,确保入表方式正确、合规,并符合审计要求;依据相关会计准则和规定,对数据资产进行确认、计量、记录和报告,确保数据资产在财务报表中得到准确反映。

5. 数据资产评估机构

数据资产评估机构负责制定数据资产评估标准和方法,对数据资产进行价值评估与定价。通过专业的评估技术和方法,能够准确评估数据资产的价值,为数据交易、融资等提供可靠的定价依据。

6. 银行等金融机构

在数据资源变现过程中,银行等金融机构可通过提供融资渠道,激活数据要素价值,以此实现数据资产的金融化。它们能为企业提供数据资产质押、融资等金融服务,帮助企业将数据资产转化为可流动的金融资源,促进企业的资金周转和业务发展。

7. 科研院校

科研院校在数据资产入表过程中可以提供理论支持和技术指导,推进数据资产入表研究的发展。它们可以通过参与数据资产入表政策咨询和个性化案例服务工作,为企业提供专业的数据要素规划与设计服务,帮助企业更好地理解和实施数据资产入表工作。

5.2　数据合规与确权

5.2.1　数据合规

数据合规是指对企业在数据处理和管理过程中是否符合相关法律法规和行业标准的全面检测和评估。在数字经济时代，数据已成为企业核心资产之一，其合规性不仅关乎企业的法律风险，还直接影响企业的商业信誉、市场竞争力以及可持续发展能力。

企业应遵守《中华人民共和国数据安全法》《中华人民共和国个人信息保护法》《中华人民共和国网络安全法》《关于构建数据基础制度更好发挥数据要素作用的意见》、各省市行业数据安全管理办法等现行有效法律、行政法规和规范性文件，从数据来源、数据内容、数据处理、数据管理及数据经营五个维度对待入表的数据资源进行梳理，查缺补漏，建立企业数据合规管理机制，确保数据资源的合法、合规。如图5-3所示。

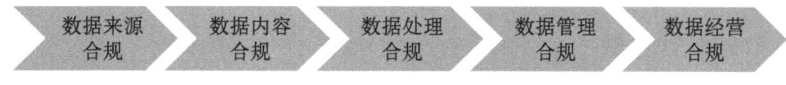

图5-3　数据合规的五个维度

1. 数据来源合规

数据来源合规是企业数据合规的基石。企业获取数据的行为必须遵守法律法规、国家政策和社会公共道德，不得侵犯任何第三方的合法权利。这要求企业在数据采集过程中，必须明确数据来源的合法性，避免从非法渠道获取数据，如未经授权的爬取、窃取或购买数据等。同时，企业还应关注数据提供者的资质和信誉，确保所获取的数据真实可靠，无虚假、伪造或误导性内容。

2. 数据内容合规

数据内容合规是企业数据合规的核心。企业存储的数据内容必须真实、合法、合规，不得存储法律法规不允许采集或存储的违法数据。这要求企业在数据存储过程中，必须对数据进行严格的筛选和审核，确保所存储的数据符合法律法规的要求，不含有敏感信息、个人隐私或商业秘密等内容。

3. 数据处理合规

数据处理合规是企业数据合规的关键。企业处理数据的行为必须遵守相关法律规定，符合合法、正当、必要原则。这要求企业在数据处理过程中，要遵守数据最小化原则——即仅处理实现特定目的所必需的数据，并确保数据处理活动的透明度和可追溯性。

4. 数据管理合规

数据管理合规是企业数据合规的保障。企业应按照法律、法规、规章和国家标准等要求，建立数据合规相关管理制度，开展包括合规管理体系搭建、风险识别、风险评估与处置等管理活动。同时，企业还应在数据分类分级管理、数据跨境、个人信息保护等领域建立相应的全链条监督管理机制。

5. 数据经营合规

数据经营合规是企业数据合规的延伸。企业应依法开展数据经营业务，获得相应的资质、行政许可及充分授权，并进一步建立完善的内控体系，保障数据经营业务不危害国家安全、公共利益以及不得侵犯个人、组织的合法权益。

5.2.2 数据确权

数据确权作为影响数据资产价值形成的关键因素，其重要性不言而喻。只有明确数据的主体权利，数据资产的价值实现才能拥有坚实的法律基础。然而，由于数据具有低成本和易复制的特性，其所有权的界定成为一个复杂而棘手的问题。

为了应对这一挑战,2022年12月,中共中央、国务院发布了《关于构建数据基础制度更好发挥数据要素作用的意见》(以下简称"数据二十条"),其创新性地提出了舍弃所有权的立法思路,转而强调建立一种更为灵活和更具适应性的产权运行机制。具体来说,"数据二十条"提出了"三权分置"的产权运行模式,即数据资源持有权、数据加工使用权、数据产品经营权分置的产权运行机制,如图5-4所示。

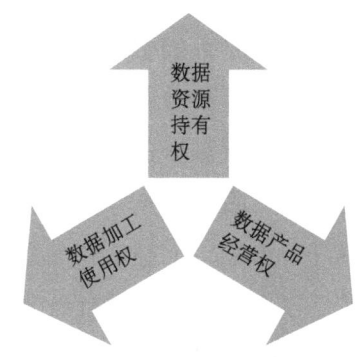

图 5-4 三权分置

1. 三权分置的数据产权结构制度

(1) 数据资源持有权。数据资源持有权是指数据资源的原始归属权,即数据资源的最初拥有者或合法获取者对其所持有的数据资源享有的权利。它包括数据的收集、存储、处理和保护等方面的权利。在这种情况下,数据资源的所有者通常是数据的生产者或拥有者,如个人、企业或其他组织。

在"三权分置"框架下,数据资源持有权是数据产权的基础,它明确了数据资源的归属关系,为数据的后续加工、使用和交易提供了前提条件。数据资源持有权的设立,有助于保护数据资源的原始权益,防止数据资源的非法获取和滥用。同时,它也为数据资源的合法流通和交易提供了法律基础,促进了数据要素市场的健康发展。

(2) 数据加工使用权。数据加工使用权是指数据加工者对其加工处理后的数据享有的使用权。它包括对数据进行清洗、整合、建模和分析等操作，以便从中获取有价值的知识或信息。数据加工使用权的持有者通常是数据科学家、分析师或其他专业人士。

在"三权分置"框架下，数据加工使用权是数据产权的核心，它鼓励数据加工者通过合法手段对数据进行加工处理，提高数据的质量和价值。数据加工使用权的设立，有助于激发数据加工者的积极性和创造性，推动数据资源的深度开发和利用。同时，它也为数据产品的形成和交易提供了基础条件，促进了数据要素市场的繁荣和发展。

（3）数据产品经营权。数据产品经营权是指数据产品经营者对其经营的数据产品享有的经营权。它包括数据产品的销售、许可和使用等方面的权利。数据产品经营权的持有者通常是企业或其他组织，它们利用数据资源开发出具有商业价值的数据产品和服务。

在"三权分置"框架下，数据产品经营权是数据产权的延伸，它允许数据产品经营者通过合法手段对数据产品进行经营和销售，实现数据产品的价值。数据产品经营权的设立，有助于促进数据产品的市场化和商业化运作，提高数据产品的附加值和市场竞争力。同时，它也为数据要素市场的收益分配提供了制度保障，促进了数据要素市场的公平和可持续发展。

2. 数据确权的过程

数据确权的过程是一个复杂而系统的工程，它涉及数据的收集、识别、审核、分类、标记以及登记确权等多个环节。数据确权的过程包括五个步骤，如图5-5所示。

（1）明确确权委托。首先，企业必须明确其数据确权的具体需求和目标。这意味着企业需确定对哪些数据资产进行确权，以及为何需要进行确权。这是一个关键的步骤，因为它可以帮助企业了解其数据资产的重要性和保护需求。其次，根据确定的确权需求，企业需要选择合适的机构或团队来负责数据确权工作。一般可能包括内部团队或外部专业机构，这取决于企业的资源、所具备的技能和需求。

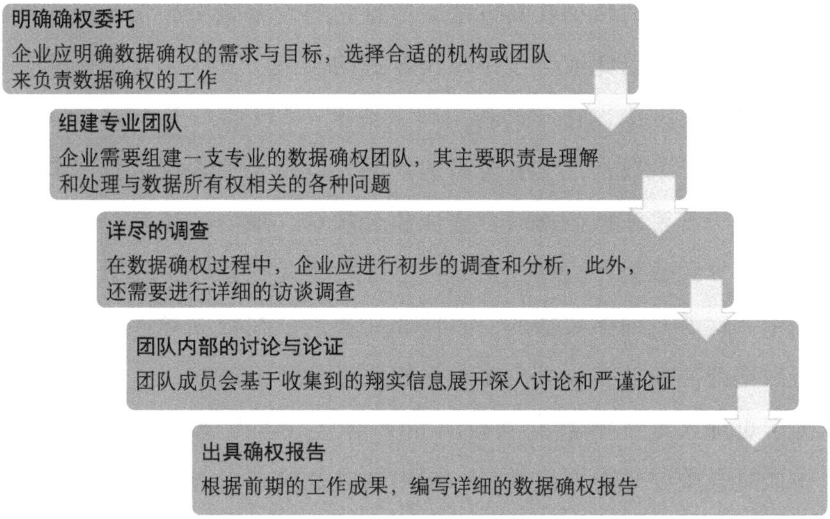

明确确权委托
企业应明确数据确权的需求与目标,选择合适的机构或团队来负责数据确权的工作

组建专业团队
企业需要组建一支专业的数据确权团队,其主要职责是理解和处理与数据所有权相关的各种问题

详尽的调查
在数据确权过程中,企业应进行初步的调查和分析,此外,还需要进行详细的访谈调查

团队内部的讨论与论证
团队成员会基于收集到的翔实信息展开深入讨论和严谨论证

出具确权报告
根据前期的工作成果,编写详细的数据确权报告

图 5-5 数据确权的过程

在选择机构或团队时,企业还需要考虑其经验、专业知识和信誉。因为确权是一项复杂的工作,需要相关人员拥有数据管理、法律合规和安全性等方面的知识。因此,选择具有相关经验和专业知识的合作伙伴对企业来说至关重要,因为他们将负责确保数据确权的准确性和有效性。

(2)组建专业团队。为了有效地开展数据确权工作,企业需要组建一支专业的数据确权团队。这个团队的成员应该具备跨学科的知识背景,包括但不限于法律、会计和信息技术领域。这样的多元化团队结构能够确保他们在处理数据确权的复杂问题时拥有全面的视角和深入的理解。

数据确权团队的主要职责是处理与数据所有权相关的各种问题。这包括但不限于数据的分类、权限设置、访问控制以及数据资产的评估等方面。此外,团队还需要确保数据的合法性、合规性,以及在必要时提供法律意见。团队成员之间需要密切协作,共享知识和经验,以确保数据确权工作能够顺利进行。这种协作不仅限于内部,还应扩展到企业内的其他部门和外部合作伙伴,以确保整个数据确权流程的顺畅和高效。

(3)详尽的调查。在数据确权过程中,进行初步的调查和分析是一个关键步骤。为了完成这一步骤,需要采取多种方法来收集数据。首先,手动输入是一种基本的数据收集方法，尽管它的效率相对较低，但它能够确保数据的准确性，因此适合于小规模数据的收集。其次，自动采集是一种重要的数据收集方法，它通过利用爬虫技术、API 接口等方式自动从网络或其他数据源抓取数据，具有较高的效率，适合于大规模数据的收集。然而，这种方法需要注意数据的合法性和合规性。最后，还有一种方法是从其他系统中导入数据，这种方法是将已存在于其他系统中的数据导入到当前系统中，这需要确保数据的一致性和完整性。在数据导入的过程中，需要进行数据清洗和转换，以确保数据的质量和可用性。

为了更深入地了解数据确权的相关信息，还需要进行详细的访谈调查。访谈对象主要是数据提供者、使用者以及管理者等关键相关方，旨在收集到更多关于数据确权的信息。这样的访谈可以帮助数据确权团队全面了解数据的流转过程、权益归属，以及可能出现的争议点。除了收集信息，访谈也是建立各方之间的信任、促进沟通的重要手段，有助于推动确权工作的顺利进行。

（4）团队内部的讨论与论证。在这个阶段，团队成员会基于收集到的翔实信息展开深入讨论和严谨论证。目的是细致地审查和优化数据确权的方案设计，确保其逻辑性、合理性和实际操作性。

首先，团队会共同审视数据确权方案的各个方面，包括但不限于数据的分类、权限设置、访问控制策略等。通过这种方式，他们可以识别出潜在的漏洞或不足之处，然后进行相应的调整和改进。其次，团队也会就可能面临的困难和风险进行充分的分析和预测。例如，他们可能会遇到数据所有权争议、隐私保护问题、技术实施障碍等挑战。针对这些可能出现的挑战，团队将制定相应的应对策略和解决方案，以确保数据确权工作能够顺利推进。

（5）出具确权报告。根据前期的工作成果，编写详细的数据确权报告是数据确权过程的最后一步。该报告应明确数据的权属、使用范围、限制条件等关键信息，为数据的管理和使用提供法律依据。同时，报告还应具有权威性和公正性，以确保其被相关方广泛接受和认可。

5.3 数据治理

5.3.1 数据治理的定义

数据治理是企业内部针对数据使用的一套管理措施。它由企业的数据治理部门发起并负责推行，目的是制定和实施一系列政策和流程，以管理和控制企业内部的数据资产。

根据国际数据管理协会（DAMA）的定义，数据治理是对数据资产管理行使权力和控制的活动集合。而国际数据治理研究所（DGI）则将其定义为，通过一系列信息相关的过程来实现决策权和职责分工的系统。

简单来说，数据治理涵盖了数据的整个生命周期管理、数据质量管理、数据安全性和合规性管理等多个方面。它确保企业能够有效地管理和控制数据资产，从而最大限度地发挥数据的价值并降低潜在风险。

5.3.2 数据治理的目标

数据治理的目标是使企业能够将数据作为资产进行有效管理。它提供了一套治理原则、制度、流程和整体框架，设立了管理指标，以监督数据资产的管理，并在数据管理过程中指导各层级的活动。通过数据治理，实现提高数据的质量、保障数据安全、确保数据合法合规、促进数据共享等目标，为数据资源入表提供前提条件。

1. 提高数据质量

通过规范数据采集、存储、处理等流程，建立数据清洗、去重、校验等多种机制，以提高数据的准确性、完整性和一致性。

2. 促进数据共享

数据共享是数据治理的另一个重要目标。通过消除数据孤岛，促进跨部门的数据共享,组织可以更好地利用其数据资产,推动业务增长。通过建立共享标准、流程和工具,数据治理可以更有效地促进数据的顺畅流动。

3. 保障数据安全

通过建立完善的数据安全体系和安全策略,降低数据泄露、数据丢失等风险,提高数据的安全性和可靠性。

4. 优化业务流程

通过数据治理,规范各项业务流程和数据标准,简化流程,提高效率,降低成本,从而实现业务运营的顺畅和高效。

5. 符合法规要求

遵守相关法规和合规要求,确保数据的合法合规使用。

5.3.3 数据治理的方案

1. 建立专门的数据治理组织是数据资产管理的首要任务

数据治理组织是数据资产管理的核心驱动力。随着企业数字化转型的深入,数据资产的重要性日益凸显,而数据治理组织则是确保数据资产得到有效管理和利用的关键。该组织主要负责制定数据治理策略、监督数据管理执行情况,并协调各相关部门之间的数据管理工作,从而有效承接与推动数据资源入表。

(1)数据治理组织的构建。数据治理组织的构建应遵循以下原则:

首先,企业需要根据自身需求,明确数据治理的目标,如提升数据质量、保障数据安全、确保数据合规等。其次,企业应对各领导层进行层级划分,并明确各层级的职责和任务。数据治理组织通常将各领导层分为战略层、管理层和执行层。战略层负责制定总体战略和政策,管理层负责将战略转化为具体执行计划,执行层负责具体的数据治理任务,它们互相独立并各司其职。最后,企业在构建数据治理组织时对不同角色进行定义,并明确各自的职责和任务。数据治理团队应包括数据治理负责人、数据架构师、数据质量专员、数据安全专员和数据管理员等角色,他们各自承担不同的职责和任务。

(2)数据治理组织的主要职责。首先,根据企业战略目标,制定符合企业实际情况的数据治理策略,明确数据管理的方向、目标和原则。其次,对数据治理工作的执行情况进行监督,确保各项策略和计划得到有效落实。再次,数据治理组织作为数据治理的枢纽,协调各相关部门之间的数据管理工作,促进数据共享和协同利用。最后,通过数据治理工作,确保数据资源的高质量、高安全性和高合规性,为数据资源入表提供有力支持。

2. 加强先进数据治理工具的使用

随着企业业务场景的不断丰富,数据量的不断增加以及复杂程度的不断提高,传统的数据管理方式已难以满足现实需求。因此,企业有必要加强先进数据治理工具的使用,以自动化手段更好地满足监控和管理数据资产的现实需求。

(1)数据治理工具的选择。在选择数据治理工具时,企业应考虑以下三个因素:第一,数据治理工具应具备数据清洗、质量管理、安全保护、合规性检查等多种功能,以满足企业多样化的数据治理需求。第二,数据治理工具应具备良好的用户界面和操作流程,降低使用门槛,提高工作效率。第三,随着企业业务的发展和数据量的增加,数据治理工具应具备可扩展性,以支持企业未来更多的数据治理需求。

(2)数据治理工具的应用。首先,数据治理工具能够自动识别和清洗脏数据、重复数据等问题,从而提高数据质量。其次,通过数据治理工具,企业可以实时监控数据状态,及时发现并预警潜在的数据风险和问题。再次,数据治理工具可以加强数据加密、访问控制等安全措施,确保数据资产的安全性。最后,通过数据治理工具对数据进行合规性检查,确保数据符合相关法律法规和行业标准的要求。

3. 将数据治理融入数据管理的各个环节

为了确保数据的准确性和完整性,实现数据资产价值的有效提升,企业应将数据治理融入到数据收集、清洗、存储、加工、分析等多个细分环节，持续推进数据治理活动。

（1）在数据收集环节，企业应确保数据来源的合法性和准确性。通过制定明确的数据收集标准和流程，规范数据收集行为，避免数据遗漏和错误。同时，利用数据治理工具对数据进行初步清洗和校验，确保收集到的数据质量。

（2）数据清洗是数据治理的重要环节之一。通过数据治理工具和技术手段，对收集到的数据进行全面清洗和校验，去除重复数据、纠正错误数据、填充缺失数据等，提高数据质量。同时，建立数据质量监控机制，定期对数据质量进行评估和检查，确保数据质量的持续提升。

（3）在数据存储环节，企业应建立统一的数据存储平台和管理规范，确保数据的安全性和一致性。通过数据治理工具对数据进行分类、分级和加密处理，防止数据泄露和非法访问。同时，建立数据备份和恢复机制，确保数据的可靠性和可用性。

（4）在数据加工环节，企业应根据业务需求对数据进行加工处理，如数据转换、数据聚合、数据挖掘等。通过数据治理工具和技术手段，确保加工过程中的数据准确性和完整性。

5.3.4　数据资源入表的治理路径

数据资源入表的治理路径是确保数据资源能够顺利转化为数据资产并计入资产负债表的关键过程，主要包括五个治理路径，如图5-6所示。

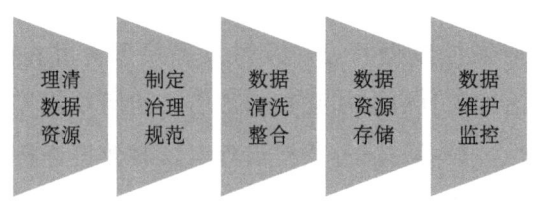

图5-6　数据资源入表的治理路径

1. 理清数据资源

理清数据资源是数据资源入表治理的第一步,也是基础性工作。在这个阶段,企业需要对其拥有的数据资源进行全面梳理,明确数据的来源、类型、规模、质量以及潜在价值。其具体工作包括:

(1) 数据资源盘点。通过对数据资产进行全面盘点和梳理,企业能够深入了解其所拥有的各类数据资源的具体数量、类型及其分布状况。这一过程有助于企业进一步明确各类数据的特性及其相互之间的关系。基于这些信息,企业可以综合考虑数据的质量、业务需求以及数据安全性等多个方面的因素,对各类数据资源的价值进行全面评估。数据资源盘点不仅有助于企业识别和评估数据资源的价值,还能够帮助企业明确每类数据资源的业务归属责任人。这对于后续的数据治理过程至关重要,因为它确保了数据资源能够得到有效管理和维护。此外,通过盘点数据资源,企业还可以详细掌握数据的存储位置和访问权限设置,从而更好地控制数据的安全性和合规性,确保数据在存储和传输过程中得到妥善保护。

(2) 数据资源分类与分级。根据数据的性质、用途和价值等因素,企业可以将数据资源进行分类管理,为后续的数据治理工作奠定基础。

2. 制定治理规范

制定治理规范是数据资源入表治理的重要保障。在这个阶段,企业需要建立一套完整的数据治理规范体系,包括数据管理制度、数据标准、数据流程等,以确保数据资源在采集、存储、处理、分析和应用等各个环节都能够得到规范且有效的管理。其具体工作包括:

(1) 数据管理制度的建立是数据治理规范的基础。它明确了数据管理的职责、权限和流程,为数据资源的有效管理提供了制度保障。其包括但不限于数据采集、存储、处理、分析和应用等各个环节的管理规定,从而确保每个环节都有明确的责任人和操作流程。

(2) 数据标准的制定是确保数据一致性和可比性的关键。通过制定统一的数据格式、数据编码和数据质量标准,可以消除数据异构性,提高数据的共享和利用效率。例如，对于同一数据项，应在所有系统中采用相同的命名规则和数据类型，以避免数据混淆和错误。

（3）数据流程的优化是提高数据处理效率和准确性的重要手段。通过对数据采集、存储、处理、分析和应用等各个环节的流程进行细致规划和优化，可以减少数据处理的重复工作和错误，提高数据处理的效率和质量。例如，在数据采集阶段，应明确采集频率、采集方式和数据源，从而可以确保数据的及时性和准确性。

3. 数据清洗整合

数据清洗整合是数据资源入表治理的核心环节。在这个阶段，企业需要对数据进行清洗和整合，以确保数据的质量和可用性。其具体工作包括：

（1）数据清洗。数据集中经常存在完全相同或高度相似的记录，这些重复数据不仅增加了存储成本，还可能影响数据分析的准确性；数据在收集、传输或存储过程中可能产生错误，如格式错误、逻辑错误或异常值等，这些错误数据会严重影响数据分析的结果。因此需要通过数据清洗技术，去除重复和错误的数据并补充缺失的数据，提高数据的准确性和可靠性。

（2）数据整合。在实际应用中，数据往往来自多个不同的数据源，如数据库、日志文件、传感器等。这些数据在格式、结构和内容上可能存在差异，因此需要进行合并和关联处理。通过制定统一的数据标准和格式，将不同来源的数据整合成一个完整的数据集，以便进行后续的数据分析和应用。

（3）数据校验。企业需要对整合后的数据进行完整性校验，确保数据没有丢失或遗漏。其可以通过数据比对、数据抽样等方法来实现。为了确保数据的一致性，企业还需要对数据进行一致性验证。其包括检查数据是否符合业务规则、数据间的关系是否正确等方面。

4. 数据资源存储

数据资源存储是数据资源入表治理的重要环节。在这个阶段，企业需要选择合适的数据存储方案，确保数据的安全性和可访问性。其具体工作包括：

（1）选择数据存储方案。企业应根据自身数据的类型、规模和访问需求等因素，选择适合的数据存储方案。其可能包括关系型数据库、非关系型数据库、分布式存储系统等。不同的存储方案各有优缺点，企业需要根据实际需求和资源状况作出合理的选择。例如，对于结构化数据，关系型数据库可能是一个合适的选择；而对于半结构化或非结构化数据，非关系型数据库或分布式存储系统可能更为适合。

（2）建立数据备份和恢复机制。为了应对可能发生的数据丢失或损坏的风险，企业应建立完善的数据备份和恢复机制。其包括定期备份数据，并确保备份数据的安全存储。在数据意外丢失或损坏时，能够快速地恢复数据，减少业务中断的时间。数据备份和恢复策略的制定应综合考虑数据的重要性和更新频率等因素，以确保数据的安全和业务的连续性。

（3）加强数据安全管理。数据安全是数据存储过程中的一个重要考虑因素。企业应采取适当的技术和措施，保护数据免受未授权访问、泄露和损坏的威胁。其包括实施数据加密、访问控制、身份验证和审计等安全措施。通过这些措施，企业可以确保只有授权用户才能访问敏感数据，并且所有数据访问行为都能被记录和监控，从而及时发现和应对潜在的安全威胁。

5. 数据维护监控

数据维护监控是数据资源入表治理的持续性工作。在这个阶段，企业需要建立数据维护监控机制，对数据资源进行持续监控和维护，以确保数据的准确性和时效性。其具体工作包括：

（1）数据质量监控。企业应定期对数据质量进行全面监控与评估。通过制定严格的数据质量标准与指标，利用先进的数据分析工具和技术手段，及时发现并纠正数据中的错误、冗余及不一致等问题，从而保障数据资源的准确性和可靠性。这不仅有助于提升数据资源的整体质量，还能为后续的数据分析和决策提供更加坚实的基础。

（2）数据更新和维护。随着业务的发展和外部环境的变化，数据资源也需要不断地进行更新和维护。企业应建立灵活的数据更新机制，确保数据资源能够紧跟业务步伐，反映最新情况。同时，还需加强数据资源的日常维护工作，包括数据备份、恢复、清理等，以保障数据资源的完整性和可用性。

（3）数据治理效果评估。为了不断优化数据治理策略和方法，提高数据治理的效率和效果，企业还需对数据治理的效果进行定期评估。通过设立科学的评估指标和体系，对数据治理的各个环节进行全面审视和分析，找出存在的问题和不足，并据此制定有针对性的改进措施。这将促进数据治理工作的持续改进和提升，为企业创造更大的价值。

5.4 数据资产评估

5.4.1 数据资产的分类与分级

数据资产的分类与分级是数据资产盘点与评估的基础工作。通过对数据资产进行分类和分级，可以更好地了解数据资产的分布情况和价值大小，为后续的计量和估值工作提供依据。

《数据安全技术 数据分类分级的规则》（GB/T 43697—2024）是国家标准委员会发布的关于数据分类与分级的标准。该标准旨在指导和规范数据分类与分级工作，以保障数据的安全性和保密性。该标准明确了数据分类与分级的基本原则，包括业务相关性、数据敏感性、风险可控性原则等。

企业应当遵循国家数据分类分级保护要求，按照数据所属行业领域进行分类分级管理，依据以下原则对数据进行分类分级：

（1）科学实用原则。从便于数据管理和使用的角度，科学选择常见、稳定的属性或特征作为数据分类的依据,并结合实际需要对数据进行细化分类。

(2) 边界清晰原则。数据分级的各级别应边界清晰,对不同级别的数据采取相应的保护措施。

(3) 就高从严原则。采用就高不就低的原则确定数据级别,当多个因素可能影响数据分级时,按照可能造成的各个影响对象的最高影响程度确定数据级别。

(4) 点面结合原则。数据分级既要考虑单项数据分级,也要充分考虑多个领域、群体或区域的数据汇聚融合后的安全影响,综合确定数据级别。

(5) 动态更新原则。根据数据的业务属性、重要性和可能造成的危害程度的变化,对数据分类分级、重要数据目录等进行定期审核更新。

1. 数据资产分类

数据应当按照先行业领域分类、再业务属性分类的思路进行分类。

按照行业领域,将数据分为工业数据、电信数据、金融数据、能源数据、交通运输数据、自然资源数据、卫生健康数据、教育数据、科学数据等。

各行业各领域主管(监管)部门根据本行业本领域业务属性,对本行业领域数据进行细化分类。常见业务属性包括但不限于:业务领域、责任部门、描述对象、流程环节、数据主体、内容主题、数据用途、数据处理、数据来源,如涉及法律法规有专门管理要求的数据类别(如个人信息等),应按照有关规定和标准进行识别和分类。

企业应当将归属于企业自身或者已获得授权经营的数据资源归类整理,做好标签制定、目录编制等基础工作。由于各个企业的数据资源不同,企业可以根据数据管理和使用需求,结合已有数据分类基础,灵活将数据细化分类。

(1) 根据数据的性质和使用方式不同,数据资源可分为原始数据、经加工处理后的数据和其他类型数据等,具体内容如表 5-1 所示。

表 5-1 数据资源分类

分类	主要包括	具体内容
原始数据	业务交易数据	企业在日常经营活动中产生的交易数据,如销售、采购、库存等
	用户行为数据	用户在与企业互动过程中产生的行为数据,如浏览点击、购买等
	设备运行数据	企业生产运营过程中涉及的机器、设备等产生的运行数据
经加工处理后的数据	统计分析数据	基于原始数据进行统计、分析得到的数据,如销售报表、用户画像等
	预测决策数据	利用算法模型对原始数据进行预测、决策分析得到的数据,如市场趋势预测、信用风险评分
	数据产品	企业将数据处理后形成的数据产品,如数据接口、数据集、数据报告等
其他类型数据	知识产权类数据	企业拥有的专利权、商标权、著作权等知识产权相关数据
	外部购买或合作获取的数据	企业从外部购买或通过与第三方合作获取的数据资产
	政府公开数据	政府公开的数据,企业经过处理和分析后可用于自身经营和决策的数据资产

(2)基于描述对象的数据资源可以分为用户数据、业务数据、经营管理数据以及系统运维数据,具体内容如表 5-2 所示。

表 5-2 数据资源分类

分类	定义	示例
用户数据	在开展业务服务过程中从个人用户或组织用户收集的数据,以及在业务服务过程中产生的归属于用户的数据	如个人信息、组织用户信息(如组织基本信息、组织账号信息、组织信用信息等)
业务数据	在业务的研发、生产、运营过程中收集和产生的非用户类数据	参考业务所属的行业数据分类分级,结合自身业务特点进行细分,如产品数据、合同协议等

续表

分类	定义	示例
经营管理数据	数据处理者在单位经营和内部管理过程中收集和产生的数据	如经营战略、财务数据、并购融资信息、人力资源数据、市场营销数据等
系统运维数据	网络和信息系统运行维护、日志记录及网络安全数据	如网络设备和信息系统的配置数据、日志数据、安全监测数据、安全漏洞数据、安全事件数据等

（3）基于数据主体的数据资源可以分为公共数据、组织数据以及个人数据，具体内容如表5-3所示。

表5-3　　　　　　　　　　数据资源分类

分类	定义	示例
公共数据	各级政务部门、具有公共管理和服务职能的组织及其技术支撑单位，在依法履行公共事务管理职责或提供公共服务过程中收集、产生的数据	如政务数据，在供水、供电、供气等公共服务运营过程中收集和产生的数据等
组织数据	组织在自身生产经营活动中收集、产生的不涉及个人信息和公共利益的数据	如不涉及个人信息和公共利益的业务数据、经营管理数据、系统运维数据等
个人数据	以电子或者其他方式记录的与已识别或者可识别的自然人有关的各种信息	个人身份信息、个人生物识别信息、个人财产信息、个人通信信息、个人位置信息、个人健康生理信息等

2. 数据资产分级

根据数据在经济社会发展中的重要程度，以及一旦遭到泄露、篡改、损毁或者非法获取、非法使用、非法共享，对国家安全、经济运行、社会秩序、公共利益、组织权益、个人权益造成的危害程度，将数据从高到低分为核心数据、重要数据、一般数据三个级别。

数据分级是为了保护数据安全，企业具体可参考以下步骤进行数据分级：

（1）确定分级对象。确定待分级的数据，如数据项、数据集、衍生数据、跨行业领域数据等。

（2）分级要素识别。结合自身数据特点，识别数据涉及的分级要素情况。影响数据分级的要素包括数据的领域、群体、区域、精度、规模、深度、覆盖度、重要性等，其中，领域、群体、区域、重要性通常属于定性描述的分级要素；精度、规模、覆盖度属于定量描述的分级要素；深度通常作为衍生数据的分级要素。

（3）数据影响分析。结合数据分级要素识别情况，分析数据一旦遭到泄露、篡改、损毁或者非法获取、非法使用、非法共享，可能影响的对象和影响程度。

数据级别与影响对象、影响程度的对应关系如表5-4所示。

表5-4　　　　　　数据级别与影响对象、影响程度的对应关系

影响对象	影响程度		
	特别严重危害	严重危害	一般危害
国家安全	核心数据	核心数据	重要数据
经济运行	核心数据	重要数据	一般数据
社会秩序	核心数据	重要数据	一般数据
公共利益	核心数据	重要数据	一般数据
组织权益、个人利益	一般数据	一般数据	一般数据

注：如果影响大规模的个人或组织权益，影响对象可能不只包括个人权益或组织权益，也可能对国家安全、经济运行、社会秩序或公共利益造成影响。

5.4.2　数据资产评估的概念

数据资产评估是指资产评估机构及其资产评估专业人员遵守法律、行政法规和资产评估准则，根据委托对评估基准日特定目的下的数据资产价值进行评定和估算，并出具资产评估报告的专业服务行为。

5.4.3　数据资产评估方法

确定数据资产价值的评估方法包括收益法、市场法和成本法三种基本

方法及其衍生方法,主要的数据资产评估方法如表5-5所示。

表5-5　　　　　　　　　　数据资产评估方法

评估方法	概念	优势	劣势	适用场景
收益法	基于预期收益评估资产价值	能够真实反映数据价值	预期收益和风险预测难度较大;比较主观	适用于可以预测数据获取后能产生多大价值的数据消费方
市场法	在有效、活跃市场基础上,选取可比案例进行资产评估	能够反映资产现有市场状况,易被买卖双方接受	需要满足较高的前提条件,否则该方法无法有效采用;现有市场交易类型单一	适用于活跃的数据市场,以交易为目的
成本法	以资产形成的成本为基础计量资产价值	容易掌握和操作	评估结果不准确,对价值估算往往偏低;较难精准计算数据全生命周期成本	不以交易为目的、没有明显市场价值的数据资产

1. 收益法

收益法是指在确定数据资产未来应用场景的前提下,对数据资产产生的预期经济收益进行折现,以核算其合理价值的方法。收益法的评估思路是,购买者的支付价格不会高于数据资产未来持有期产生的预期收益。

收益法的基本模型为:

$$P = \sum_{t=1}^{n} \frac{F_t}{(1+i)^t}$$

式中:

P——被评估数据资产价值;

F_t——数据资产未来第 t 个收益期的收益额;

i——折现率;

n——剩余经济寿命期。

分析收益法的适用性,应根据数据资产的历史应用情况及未来应用前景，结合应用或者拟应用数据资产的企业经营状况，重点分析数据资产经济收益的可预测性、数据资产应用过程中的风险等因素。该方法能够通过预期未来收益直接体现数据价值实现过程，适用于数据资产已经实现商业化，或数据资产已具有较为明确的应用场景，且预期收益能可靠获得、预期收益期限和风险能够合理估计的数据资产。

根据不同数据资产所实现的应用场景和商业模式的不同，可选择直接收益预测、分成收益预测、增量收益预测、超额收益预测等不同模型进行收益预测，具体内容如表5-6所示。

表5-6　　　　　　　　　收益法的预测模型

预测方法	适用场景
直接收益预测模型	适用于被评估数据资产的应用场景及商业模式相对独立，且数据资产对应服务或者产品为企业带来的直接收益可以合理预测的情形
分成收益预测模型	适用于软件开发服务、数据平台对接服务、数据分析服务等数据资产应用场景
增量收益预测模型	适用于可以使应用数据资产主体产生额外的可计量的现金流量或者利润的情形，或者使应用数据资产主体获得可计量的成本节约的情形
超额收益预测模型	适用于被评估数据资产可以与资产组中的其他数据资产、无形资产、有形资产的贡献进行合理分割，且贡献之和与企业整体或者资产组正常收益相比后仍有剩余的情形

2. 市场法

市场法是在有效、活跃市场基础上，选取可比案例对数据资产进行修正从而得到评估数据资产价值的方法。

对于数据资产，使用市场法时应根据该数据资产的特点，选择合适的可比案例，对比该数据资产与可比案例的差异，确定调整系数，并将调整后的结果汇总，分析得出被评估数据资产的价值。

数据资产市场法的具体模型为：

$$P = \sum_{i=1}^{n}(Q_i \times X_{i1} \times X_{i2} \times X_{i3} \times X_{i4} \times X_{i5})$$

式中：

P——被评估数据资产价值；

n——被评估数据资产所分解成的数据集的个数；

i——被评估数据资产所分解成的数据集的序号；

Q_i——参照数据集的价值；

X_{i1}——质量调整系数；

X_{i2}——供求调整系数；

X_{i3}——期日调整系数；

X_{i4}——容量调整系数；

X_{i5}——其他调整系数。

分析市场法的适用性，应考虑该数据资产或者类似数据资产是否存在合法合规的、活跃的公开交易市场，是否存在适当数量的可比案例。该方法适用于具有公开且活跃的交易市场的数据资产。对案例可比性的判断，通常可从数据权利类型、数据交易市场及交易方式、数据规模、应用领域、应用区域及剩余年限等方面进行分析。

从现实情况来讲，目前数据市场的交易规则尚未明确，数据交易的相关法律尚未完善，交易型数据资产仅占少数，绝大多数数据资产仍是自给型，因此，市场法的使用并不普遍。但是，市场法的使用和市场的公开活跃是互相促进的，不能被动等待数据资产的交易市场变活跃。当可以收集到与目标数据资产相近的可比指标、技术参数等信息时，就应该尽可能地使用市场法进行估值。而且随着数字经济的快速发展，我国已成立数据资产登记赋值机构（中关村数海数据资产评估中心）和数据交易所（贵阳大数据交易所），数据已经充分表现出其市场化属性，未来应用市场法对数据资产进行估值是大势所趋。

3. 成本法

成本法是先估算被评估数据资产的重置成本，再扣除各项贬值后确定该数据资产价值的一种方法。这种方法的估值思路是，购买者的支付价格不会高于重新构建某项数据资产的成本。重新构建资产时，除了重置成本，还需要考虑资产贬值情况，如实体性贬值、功能性贬值和经济性贬值。由于数据资产的非实物性特征，数据资产的贬值不包括实体性贬值。因此，根据《资产评估专家指引第9号——数据资产评估》，成本法的基本公式为：

数据资产价值＝重置成本－功能性贬值－经济性贬值

数据资产的重置成本是指在当前市场条件下获取相同数据资产所需的现金或现金等价物的金额。在成本法中，需要根据数据资产形成过程的特点，分阶段计算数据资产的重置成本。

数据资产的功能性贬值指的是在使用数据资产期间，由于新技术运用和新数据的产生，使得企业原有数据资产与社会上普遍运用的数据资产相比而言较为落后，其价值也就相应减少。

资产的经济性贬值指的是企业生产产品的市场需求下降、行业生产能力过剩或者原材料断供等外部环境变化造成的经济效益下降，从而导致的贬值。这类贬值的程度取决于企业产品生产和销售的情况。因此，数据资产若直接用于企业的生产和销售，则需要计算经济性贬值；若只是为企业的内部决策提供信息，不直接与产品的生产和销售一一对应，则可以不计算经济性贬值。

目前，我国正处于数据资产市场建设的初期，交易透明度和信息披露制度还需要完善，部分数据资产在企业运营中尚未形成直接利润，需要做大量的市场调研和实践检验才能进行利润预测。由于成本法适用于难以计算资产未来收益或不易寻找市场参照物的情况，所以，对于数据资产的评估，成本法适用于缺乏活跃的交易市场，未来预期收益暂不确定，仍处于开发阶段的数据资产。

4. 衍生方法

基于上述三种基本方法，适用于数据资产评估的衍生方法还包括数据资产价值指数、梅特卡夫定律、大数据合作资产估值模型、实物期权模型等。

5.4.4 数据资产评估过程

1. 前期准备

（1）明确评估目的和范围，确定为何要进行数据资产评估，如决策支持、价值估算等。明确评估的数据资产范围，包括数据集、数据库、数据仓库、数据挖掘模型等。

（2）全面收集企业数据资产的相关信息，如数据类型、数据来源、数据量、数据质量、产生时间等。

（3）组建由数据科学家、业务专家、财务专家等组成的评估团队，确保评估的专业性和全面性。

2. 现场调查

在获取了初步资料之后，接下来需要进入现场对相关信息进行详细核查。具体包括以下几个方面：

（1）落实数据资产的信息属性，包括数据名称、数据结构、数据字典、数据规模、数据周期、产生频率以及存储方式等。通过对这些属性的确认，可以更准确地了解数据资产的具体特征。

（2）核实数据资产权属，包括对数据资产的登记凭证以及相关的专利权证书、软件著作权证书等进行验证。可以通过凭证的防伪标记验证或向登记中心查询核实。同时，还需要查阅与数据资产相关的购入合同、发票和付款凭证等。在核实过程中，应明确数据资产的法律属性，包括授权主体信息、产权持有人信息，以及权利路径、类型、范围、期限和限制等。

（3）对形成数据资产的前期费用、直接成本、间接成本、机会成本和相关税费等相关的原始记账凭证进行查实、汇总。这一步骤可以帮助评估人员了解数据资产的成本构成和价值。

（4）与企业相关人员进行访谈，对数据资产的使用范围、应用场景、商业模式、市场前景、财务预测和应用风险等进行了解和确认。这一步骤可以提供关于数据资产实际应用和潜在价值的重要信息。

3. 数据资产分类、分级

数据资产的分类与分级是数据资产盘点与评估的基础工作。通过对数据资产进行分类和分级，可以更好地了解数据资产的分布情况和价值大小，为后续的估值工作提供依据。

4. 确定评估方法

根据数据资产的特点和评估目的，选择合适的评估方法，如市场法、成本法、收益法等。

5. 评估执行

（1）数据质量评估是确保数据可靠性和有效性的关键步骤。在这个阶段，可以采用多种方法来评估数据质量，包括层次分析法、模糊综合评价法、德尔菲法等。这些方法能够从不同角度综合评估数据的准确性、完整性、一致性、时效性和可靠性。

层次分析法（AHP）是一种定量与定性相结合的方法，通过建立层次结构模型，将复杂的问题分解成各个组成因素，然后按照因素间的支配关系分组形成有序的递阶层次结构。通过两两比较的方式确定层次中诸因素的相对重要性，然后综合决策者的判断，确定决策方案相对重要性的总的排序。

模糊综合评价法是借助模糊数学的理论，对受到多种因素制约的事物或对象作出一个总体评价。该方法能够处理边界不清、难以量化的问题，适合于对数据质量的综合评价。

德尔菲法是一种专家预测法，通过匿名方式征求专家意见，预测某一领域的发展趋势。这种方法能够汇集领域内专家的知识和经验，对数据质量进行综合评估。

（2）数据价值量化是评估数据资产经济价值的重要环节。在这个阶段，可以运用数学模型和统计分析等方法，对数据资产的经济价值进行量化。

数学模型包括多种算法和统计方法，如回归分析、决策树、随机森林等。这些方法可以从不同角度分析数据的价值，如数据的预测能力、分类能力、聚类能力等。

统计分析方法包括描述性统计分析、推断性统计分析等。这些方法可以揭示数据的分布特征、相关性、趋势等，从而评估数据的价值。

（3）市场研究与成本估算（如适用）。如果采用市场法，需要进行市场研究，了解类似数据资产在市场上的交易价格。市场研究可以通过多种途径进行，如查阅相关交易案例、咨询行业专家、参加行业会议等。评估人员需要收集足够的市场信息，以便更准确地评估数据资产的市场价值。

如果采用成本法，需要估算数据资产的采集、存储、清洗等成本，并考虑折旧和维护费用。成本估算包括对数据资产生命周期各阶段的成本分析，从而确定数据资产的总成本。

（4）收益预测（如适用）。如果采用收益法，需要预估数据资产的收益潜力，如通过数据挖掘分析提供增值服务带来的收益。收益预测包括对数据资产应用场景、市场需求、收益模式等方面的分析，从而确定数据资产的预期收益。

6. 出具报告

出具数据资产评估报告，并与委托方进行沟通，沟通无异议后出具正式报告。

第 6 章

数据资源入表的确认、计量和报告

6.1 数据资源入表的会计核算流程

数据资源的表内化进程遵循由"原始数据"经"数据资源"至"数据资产"的递进式转型轨迹。通过系统化的数据治理流程,原始数据得以蜕变成为高价值的数据资源,实现数据的资源化。随后聚焦于数据安全与合规性的严格管理,在此基础上,计量方案的精确确认与会计政策的审慎制定成为数据资源入表的核心环节,最终通过列示与披露等财务报告手段,数据资源得以正式纳入企业的财务报表体系,实现了数据的资产化,从而被视作为"资产"形态。

在当代企业管理中,数据资源已然成为一股不可或缺的核心驱动力,其战略价值比肩传统有形资产,深刻重塑着企业的决策体系与运营模式。因此,将数据资源融入财务报表,并施以科学合理的会计处理,不仅是顺应时代潮流的必然选择,更是企业实现可持续发展、精准量化价值创造能力的关键举措,标志着现代企业管理向更高层次的数据驱动与价值导向转型。具体而言,一个合理的数据资源入表的会计核算流程应当包含数据资源的会计确认与计量、列示与披露两个方面。如图 6-1 所示。

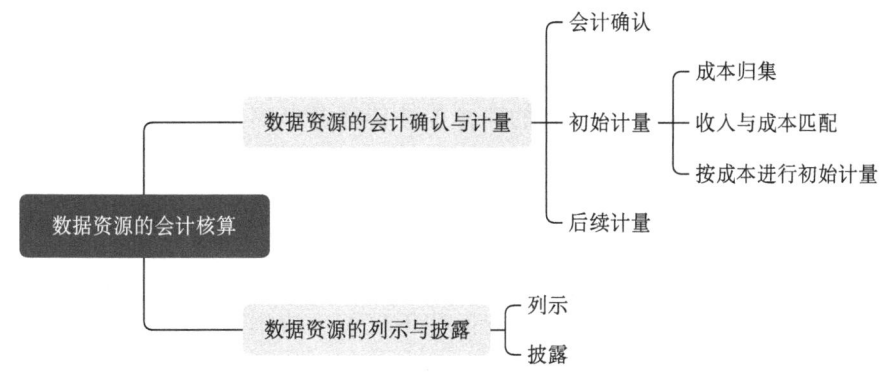

图 6-1 数据资源入表的会计核算流程

1. 确认

《企业数据资源相关会计处理暂行规定》的发布，标志着数据资源向数据资产转化过程需严格契合会计准则中资产确认的法定框架。资产是指企业既往交易或事项所造就的、企业所拥有或可支配的、且预期能为企业带来经济利益的资源形态。在数据资产的语境下，这一定义被赋予了新的内涵。具体而言，从是否能够入表的角度出发，我们需对数据资源的可定义性、可计量性、相关性及可靠性进行全面审视，确保其符合会计准则对资产属性的界定。同时，还需特别关注数据资源是否已通过创新性劳动与实质性加工，转化为能够直接服务于特定业务场景、创造实际经济价值的数据产品。只有当这些数据产品同时符合内在价值清晰可辨，未来经济利益流入的预期明确且可靠时，方可将其视为符合会计准则要求的"数据资产"，进而将其纳入企业的财务报表体系。

2. 成本归集

成本归集是数据资源入表流程的首要环节，旨在全面、准确地记录数据资源形成过程中的各项费用支出。这一过程需严格遵守会计准则中关于成本确认与计量的规定，将获取成本、加工成本、管理成本及储存成本这四大类成本进行详尽分类与归集。通过精细化的成本核算，确保数据资源的成本能够可靠计量，为后续步骤打下坚实基础。

3. 成本与收入匹配

成本与收入匹配是会计核算中的基本原则之一，在数据资源入表过程中同样适用。鉴于数据所固有的非排他性特征及其高度可塑性，企业在运用内部数据资源对外提供服务时，不可避免地面临跨业务线与产品线间数据资源的重复调度与组合现象。在这种情况下，对于不同类型业务数据资产的成本归集过程，核心挑战在于如何科学且公正地将通用数据资源的成本合理分摊至各相关业务领域。此问题不仅关乎成本会计的精确性，更触及资源优化配置与企业内部经济效益提升的关键层面，需要运用先进的成本分摊理论与方法，确保分摊过程既符合经济逻辑，又能促进数据资源的最大化利用与价值实现。

4. 按成本进行初始计量

初始计量是数据资源正式确认为资产的关键环节。在这一步骤中，企业需根据会计准则的规定，采用成本法或其他适用的计量方法对数据资源的初始价值进行确认。具体而言，企业应综合考虑数据资源的获取成本、加工成本、管理成本及储存成本等因素，将其汇总形成数据资源的初始计量金额。这一金额将作为数据资源在财务报表中的初始列示价值，反映企业对该项数据资源的初始投资与拥有程度。

5. 后续计量

后续计量是数据资源入表流程中的持续性工作，旨在反映数据资源在持有期间的价值变动情况。根据会计准则的要求，企业需定期对数据资源进行评估与重估，以反映其市场价值或经济利益的变动情况。在数据资源后续计量的过程中，企业可能会面临摊销期限的确定、减值准备的计提等复杂问题。因此，企业需建立完善的后续计量机制与内部控制流程，确保数据资源后续计量的准确性与合规性。

6. 列示与披露

列示与披露是数据资源入表流程的最终环节，也是企业向外界展示其数据资源价值的重要途径。在财务报表中，企业需按照会计准则的规定对数据资源进行清晰、准确地列示与披露。具体而言，企业应在其资产负债表中详尽披露数据资源的账面价值及其动态变化情况；在利润表的编制过程中，需明确体现数据资源的应用状况及其对经济绩效的直接与间接贡献；在附注中详细披露数据资源的种类、数量、成本构成、摊销政策等关键信息。通过这些列示与披露措施，企业能够向投资者、债权人等利益相关者全面展示其数据资源的价值与潜力。

综上所述，从数据资源纳入财务报表的视角审视，基础会计工作的重要性在多个维度上得以彰显。首先，在于其审慎的成本视角，通过精细梳理数据资产的规模，不仅增强了社会对数据要素价值的深刻理解，同时有效遏制了数据资产估值虚高的风险，避免了潜在的数据资产泡沫现象。其次，该工作促进了企业数据资产信息披露质量的飞跃，企业得以深入剖析内部资源，筛选出符合资产确认标准且蕴含实际增长潜力的数据产品。再次，企业应借此契机优化数据资产的管理策略与实施路径，迈向更为精细化的管理模式。最后，此举不仅显著增强了财务报表的透明度与公信力，还有效降低了数据密集型企业在与投资者交流过程中存在的信息不对称现象，为数据资产化的创新应用铺设了坚实基础，最终助力企业吸引更多外部投资、优化财务资本结构、提升市场估值，推动企业价值向更高层次迈进。

6.2 数据资源的会计确认与计量

6.2.1 数据资源的会计确认标准与流程

《企业数据资源相关会计处理暂行规定》要求企业深入剖析数据资源的持有目的、生成机制、商业模式，并预测相关经济利益的预期消耗模式,据以判定数据资源应归类于无形资产范畴还是遵守《企业会计准则第1号——存货》规定处理,同时也要识别并处理那些虽符合资产定义却因不满足确认条件而未被认定为资产的其他数据资源。当前,业界普遍采用的数据资源利用模式可归纳为三大维度:内部用途、提供服务及直接出售。如图6-2所示,在严格满足相应资产确认标准的前提下,针对内部使用或对外提供服务的数据资源,应将其界定为无形资产;对于旨在直接作为整体商品对外销售的数据资源,其会计确认应遵循存货的界定原则,即视为企业存货资产的一部分。

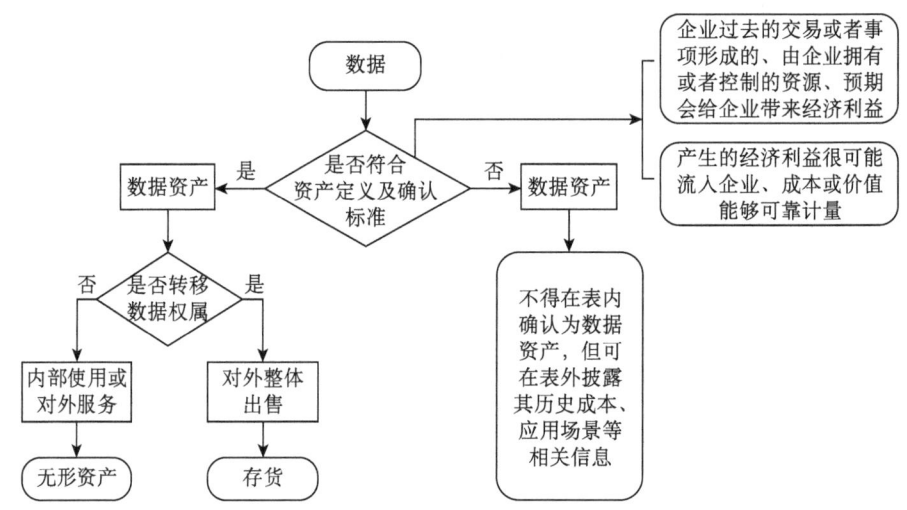

图6-2 数据资源的确认流程

值得注意的是,数据产品在会计框架内未必全然符合资产确认的标准。具体而言,某些数据产品可能因缺乏为企业创造持续经济利益的潜力而不被视作资产;另有一些数据产品,尽管其使用模式与无形资产相类似,但由于其生命周期短暂,往往不足一年,根据会计准则惯例,此类短期存在的数据产品通常不被纳入无形资产的范畴。然而,在企业实际操作中,数据资产的确认过程往往依托于数据产品作为具体表现形式。此举措核心聚焦于双重维度:首先,数据产品的可利用状态或可交易状态具备较高的辨识度,便于企业直接评估该资产是否已达到既定的使用目的,从而增强了资产确认的准确性和时效性。其次，以数据产品作为载体，为企业内部管理提供了更为便捷的途径，促进了资产的有效配置与监控。

1. 数据资源存货的确认

依据《企业数据资源相关会计处理暂行规定》，企业在日常运营中所持有的、旨在最终出售的数据资源，若其特性与《企业会计准则第1号——存货》中的定义及确认标准相契合，则此类资源应被正式确认为存货资产。目前认为用于出售的数据资源，若数据相关权属转移至购买方，则应当确认为数据资源存货。具体来说，确认条件通常包括：

第一，符合存货的定义。存货的定义涵盖企业在日常运营中持有的各类资产，旨在满足未来销售需求，包括但不限于已完成生产的产成品、待售商品、生产流程中的在制品，以及服务于生产或劳务提供过程中的原材料与辅助物料。此范畴广泛，涉及各类材料库存、半成品、成品、商品存货，乃至包装物、低值易耗品与委托加工物资等。

第二，经济利益很可能流入企业。数据资源的出售或使用预期能够为企业带来经济利益，这通常体现在其潜在的商业价值或对企业运营的改进上。

第三，成本能够可靠计量。数据资源的采购成本，具体涵盖购买价款、相关税费及保险费等，连同为达到目前场所与状态而发生的各项额外支出，均需满足可靠计量的标准。

虽然企业的数据信息往往依赖于服务器等硬件载体，具有明显的非物质属性，但这并不妨碍将数据资源纳入存货范畴。相反，企业应深刻洞察其数据资源的业务模式，以此为依据，对数据资源存货进行精细化的分类管理。具体而言，企业需区分并识别外购而来的数据资源存货、通过内部加工手段创造的数据资源存货，以及通过其他途径获取的数据资源存货等多元类别。在此基础上，企业应当进一步推进数据资源存货的计量工作，以确保其价值与成本的准确反映。

2. 数据资源无形资产的确认

依据《企业数据资源相关会计处理暂行规定》，企业所运用的数据资源，若其属性与《企业会计准则第6号——无形资产》所界定的定义及确认标准相吻合，则此类数据资源应被正式归类为无形资产。目前认为用于内部使用或对外服务的数据资源，若数据相关权属未发生转移，则应当确认为数据资源无形资产。具体来说，确认条件通常包括：

第一，符合无形资产的定义。无形资产的定义是指企业所掌控或可支配的无形、可辨识且非货币性资产。其特性鲜明：企业需对其拥有控制权，并能预见其将贡献未来经济利益；不具备物质实体形态；归属非货币性资产范畴；具备明确的可辨识性。

第二，经济利益很可能流入企业。企业需具备合理依据，预判与数据资源相关联的经济利益具备高度流入可能性。这要求数据资源需依托于清晰的商业模式或应用场景，能够直接或间接地为企业带来经济利益的增长。

第三，成本能够可靠计量。数据资源的成本结构应全面覆盖其获取成本（包括购买价款及相关税费）、加工成本（涉及脱敏、清洗、优化、标注、整合、深度分析及可视化等增值处理费用），以及管理成本（涵盖权属鉴证、质量评估、登记结算与安全保障等必要开支）。所有这些成本要素均需满足可靠计量的原则，以确保成本核算的精确性与完整性。

数据资源与无形资产相类似，同样应遵循资产可辨认性的严格标准。数据资源需具备从企业中明确区分或划分出来的能力，这种区分可以是物理上的（如存储在独立的数据库中），也可以是逻辑上的（如通过特定的数据架构或访问权限实现）。同时，这些数据资源应能够单独或作为与合同、其他资产或负债相关联的一部分，可用于出售、转让所有权、许可使用、租赁或实施其他形式的权益交换。数据资源的可辨认性，进一步凸显于其根植于清晰界定的合同性权利或法定权利之上，这些权利可以是数据所有权、使用权、许可权等，不论在何种法律框架下，或是基于何种合同约定，这些数据权利必须能够与企业内部的其他权益和责任进行合理区分，确保每一项数据活动均能得到合法且适当的授权和保护。

6.2.2 数据资源的会计计量

1. 数据资源的成本构成

在数字经济浪潮中,数据资源已蜕变为企业核心资产架构中不可或缺的关键要素,其成本构成复杂且多维,但它们直接关联于企业的战略投资决策、深入的成本效益分析框架构建,以及财务报告后续计量与报告准确性的提升。

从数据资源的成本组成角度来看,数据资源的成本主要包括获取成本、加工成本、管理成本及储存成本四大方面,它们均承载着不同的经济意义与战略价值。如图 6-3 所示。

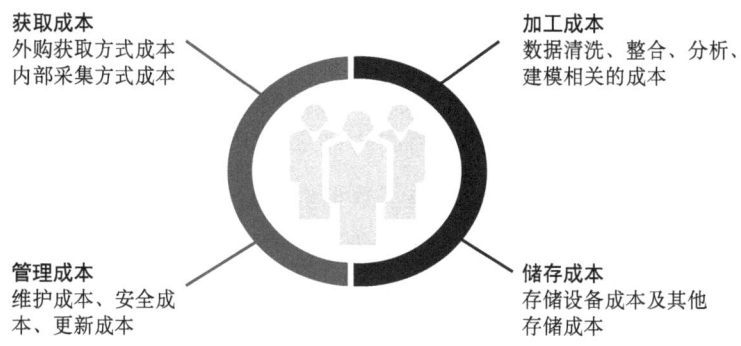

图 6-3 数据资源成本组成

获取成本是数据资源价值创造周期的起点,它涵盖了企业为获取所需数据资源而支付的一切直接和间接费用。这一成本类别不仅包括了与外部数据提供商进行交易时所产生的采购价格及相应税费,还涉及了内部采购团队的人员成本及可能的其他辅助性支出。此外,对于通过内部采集方式获取的数据资源,其成本则进一步扩展到采集人员薪酬、采集设备购置与维护、采集系统开发与运营等多个方面,共同构成了数据资源获取的总成本。

加工成本是对原始数据进行深度处理与增值转化的必要投入,包括数据清洗、整合、分析、建模等复杂工序中的人力、技术与工具成本,是数据资源价值跃升的核心环节。

管理成本依其管理导向的差异，可进一步细化为维护成本、安全成本及更新成本。维护成本主要涉及数据资源日常维护与优化的费用，包括维护人员的薪酬、系统维护工具与软件的采购等；安全成本则关注于数据安全防护体系的构建与运维，包括安全策略的制定与执行、安全系统的建设与升级、安全维护人员的配置与培训等；更新成本则聚焦于数据资源的更新升级活动，以应对技术变革和市场需求的变化，包括更新升级人员的薪酬、系统升级费用等。

对于储存成本，存储设备成本是储存成本的主要组成部分，包括硬盘、云存储服务等存储介质的购置与租赁费用、运维与升级成本等。此外，还可能存在其他与储存过程相关的成本，如存储设备的能耗费用、网络带宽费用、数据备份与恢复服务的费用等。

从数据资源成本的分类角度来看，依据其发生与数据资源成本之间的直接关联性，可细化为直接成本与间接成本两大范畴，这一划分不仅体现了成本会计的精细化原则，也反映了数据资源管理中的复杂性与多样性。

直接成本作为数据资源成本结构的核心要素，直接且明确地指向了那些能够无歧义地归属于特定成本核算对象的费用项目。这些费用是数据资源生命周期中不可或缺的支出，包括但不限于直接的数据采购费用，即获取外部数据资源所需支付的款项；数据开发过程中的人力成本，涵盖了数据科学家、工程师等直接参与数据处理与分析工作的人员薪酬及福利；数据存储与维护的直接成本，如云存储服务费用、物理存储介质的购置与维护等。直接成本的清晰界定与核算，为准确评估数据资源特定环节的投入与效益提供了坚实基础。

间接成本则构成了一个相对复杂且需要合理分摊的成本类别。这些成本虽然同样与数据资源的产生、处理及应用密切相关，但由于其支持多个产品或项目而难以直接归属于某一成本核算对象。间接成本包括但不限于为数据资源开发所购置的硬件设备折旧费用，这些设备虽非专为某一数据资源项目而购买，但其运行与维护对于数据资源的生产至关重要；数据资源运行所消耗的电力、网络带宽等公共事业费用；数据平台建设与维护的成本，包括软件许可费用、系统维护费用及升级改造成本等。对于间接成本的合理分摊，需要依据科学的分配原则与具体的数据支持，如工时统计、设备运行小时数统计以及未来预期经济收益分析等方法，旨在确保成本分摊结果兼具公正性与合理性，从而达成资源分配的均衡与优化。

2. 数据资源存货的计量

《企业会计准则第1号——存货》及其应用指南，是企业在对界定为存货的数据资源实施初始计量与后续计量时应当严格遵守的规定。

（1）数据资源存货的初始计量应当以成本为基础进行。这意味着在初始确认时，数据资源存货的成本应当包括所有为了获取和准备该数据资源以供出售或生产所必需的合理、可归属的支出。在进行初始计量时，应根据数据资源的取得方式，分别对外购、加工及其他方式取得的数据资源进行计量。

①外购方式取得。其采购成本构成涵盖购买价款、相关税费与保险费，以及涉及数据权属鉴证、质量评估、登记结算与安全管理等环节中产生的、可合理归属于存货采购成本的各项费用。

②加工方式取得。企业通过数据加工活动所获得并确认为存货的数据资源，其成本结构不仅包含原材料采购成本，还涵盖数据采集、脱敏处理、清洗优化、标注分类、整合集成、深度分析及可视化呈现等加工环节的成本，以及使存货达到目前场所与状态所需的其他必要支出。

③其他方式取得。如投资者投入、非货币性资产交换、债务重组及企业合并等，企业在这些情形下取得并确认为存货的数据资源，其初始成本应当分别按照对应的会计准则进行计量。如表6-1所示。

表6-1　　　　其他方式取得的数据资源存货的初始计量

取得方式	初始成本计量
投资者投入	按照投资合同或协议约定的价值确定，但合同或协议约定价值不公允的除外

续表

取得方式	初始成本计量
非货币性资产交换	按照《企业会计准则第 7 号——非货币性资产交换》确定
债务重组	按照《企业会计准则第 12 号——债务重组》确定
企业合并	按照《企业会计准则第 20 号——企业合并》确定

（2）于资产负债表日，针对确认为存货的数据资源，其后续计量应依据成本与可变现净值中的较低者进行计量。其中，成本是指期末数据资源存货的实际成本；存货的可变现净值是指基于合理估计的存货未来售价，扣除至预期完工状态所需成本、预期销售费用及相关税费后的净额。由于数据资源的特殊属性，数据资源存货应当以预计未来净现金流量为其可变现净值。若其成本大于可变现净值，表示数据资源存货发生减值；反之，表明数据资源存货未发生减值。

（3）对于出售被确认为存货的数据资源，企业应依据《企业会计准则第 1 号——存货》规定，采用个别计价法精确结转其成本至当期损益；与此同时，相关收入的确认则需严格遵守《企业会计准则第 14 号——收入》等规定。而对于出售尚未确认为资产的数据资源，其收入的确认同样需依据《企业会计准则第 14 号——收入》等规定执行。

3. 数据资源无形资产的计量

企业应遵守《企业会计准则第 6 号——无形资产》及其应用指南的规定，对确认为无形资产的数据资源实施全面的初始与后续计量，以及涉及处置与报废等环节的会计处理。

（1）数据资源无形资产的初始计量通常遵循实际成本原则，即按照取得该无形资产时实际发生的成本进行计量，包括外购、内部自行研究与开发以及其他途径获取的确认为无形资产的数据资源。

①企业若以外购形式获取并确认为无形资产的数据资源，其成本构成需遵循严格的界定原则。此类成本不仅涵盖了购买数据资源的直接价款及相关的税费支出，还纳入了为使数据资源达到预定使用状态而直接产生的加工处理费用，包括但不限于数据脱敏处理、清洗优化、标注分类、整合

集成、深度分析及可视化呈现等增值处理环节所必需的费用。此外，为确保数据资源的合法性、质量可靠性及安全性，数据权属的权威鉴证、质量评估的专业实施、登记结算的规范操作，以及安全管理的必要开支，均应作为不可或缺的成本要素纳入核算范畴。然而，值得注意的是，与新产品推广相关的广告费用、管理费用等间接成本，以及数据资源在达到预定用途后发生的后续费用，均不在此成本范畴之内。

企业若选择外部采购服务，涵盖数据采集、脱敏处理、清洗优化、标注分类、整合集成、深度分析及可视化呈现等全方位数据服务流程，且此类服务支出不符合《企业会计准则第6号——无形资产》所规定的定义与确认标准时，其会计处理方式应依据其实际用途进行灵活调整，通常需将这些支出直接计入当期损益，以准确反映企业的财务绩效与经营成果。

②企业自行研究与开发的数据资源项目的内部研发支出，经精细划分，被明确界定为研究阶段与开发阶段两大部分，此分类旨在精准捕捉研发活动的阶段性特征与会计处理原则的内在逻辑。

具体而言，在产品开发流程的初期阶段，即数据规划环节，被视为产品研究阶段，该阶段因其固有的计划性、探索性特质及伴随的高度不确定性，其相关支出被要求在发生当期直接计入研发费用，在利润表中披露，降低当期利润的同时降低未来负债。而进入开发阶段后，该阶段涵盖了数据采集、数据深度开发以及基于数据的产品应用开发等多个维度，项目逐渐展现出更为明确的针对性与成果转化的较高可能性。在这一阶段，支出处理则需遵循更为严格的资本化标准。即仅当这些支出满足既定资本化条件时，方可确认为企业的无形资产，在资产负债表中披露，提高当期利润的同时增加未来负债。如图6-4所示。

在企业内部进行的研究开发项目中，其开发阶段的支出唯有在同时满足图6-5所示的五项资本化条件时，方可被确认为一项无形资产。数据资源作为无形资产的一种，其资本化条件在遵循上述一般原则的基础上，企业应结合其独特的业务模式与多样化的数据应用场景，运用严谨的财务分析与业务评估方法，审慎判断自主研发的数据资源是否满足资本化条件，并精确计量其可资本化的金额。

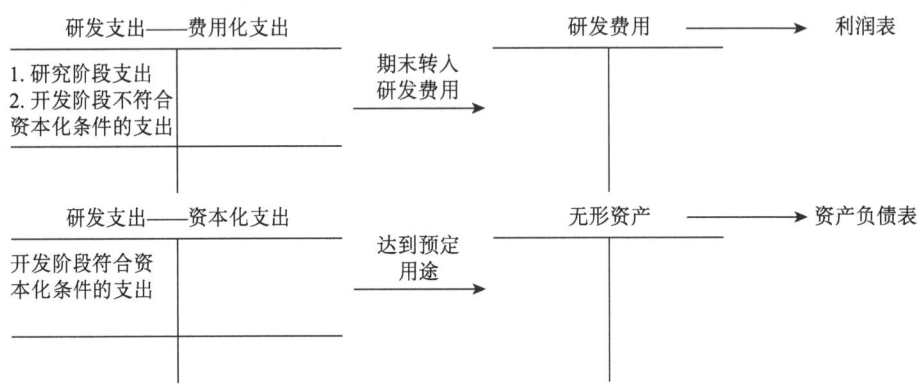

图 6-4 数据资产费用化与资本化的主要区别

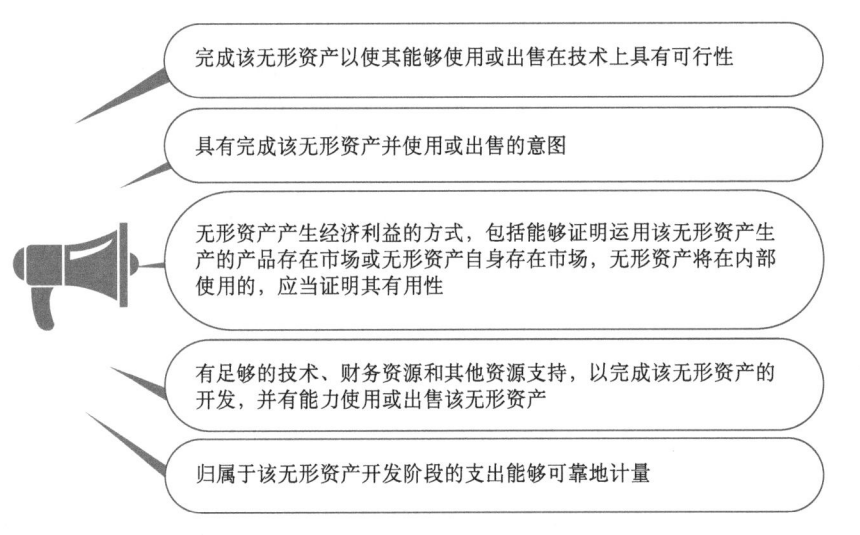

图 6-5 数据资源无形资产的资本化条件

③其他途径获取的数据资源无形资产。涉及投资者投入、非货币性资产交换、债务重组、政府补助及企业合并等途径获取并确认为无形资产的数据资源，其初始成本的确定需严格依据各自适用的会计准则进行计量。如表 6-2 所示。特别地，在企业合并情境中，若所获取的数据资源无形资产的公允价值能得以可靠计量，则应遵守会计准则要求，将其独立且明确地确认为一项无形资产。

第6章 数据资源入表的确认、计量和报告

表6-2 其他方式取得的数据资源无形资产的初始计量

取得方式	初始成本计量
投资者投入	按照投资合同或协议约定的价值确定无形资产的取得成本,若合同或协议约定价值不公允,则按无形资产的公允价值作为无形资产的初始入账成本。
非货币性资产交换	按照《企业会计准则第7号——非货币性资产交换》确定
债务重组	按照《企业会计准则第12号——债务重组》确定
政府补助	按照《企业会计准则第16号——政府补助》确定
企业合并	按照《企业会计准则第20号——企业合并》确定

(2) 关于数据资源无形资产的后续计量,企业在运营期间,若将确认为无形资产的数据资源用于向客户提供服务,则须严格遵守《企业会计准则第6号——无形资产》及其应用指南的规定,将此类资产的摊销费用精准地计入当期损益或相关资产的成本结构中,以确保财务报告的精确性、合规性与学术严谨性。

在数据资源无形资产的使用寿命期间内,其后续使用应通过原始成本减去累积摊销额与减值损失之后的净额来计量。这一过程的核心在于精准估算无形资产的使用寿命,以此作为累计摊销计算的基石。在针对数据资源这一独特无形资产进行寿命评估的同时,企业应聚焦多重考量维度。首要因素是深入剖析数据资源的业务模式嵌入性,即其在企业运营与价值创造链条中的整合方式;同时,审视权利限制条款,明确法律框架内数据资源使用的界限与范畴。此外,数据资源的动态更新速率、时效性特质及其伴随的产品技术迭代速度,均构成评估寿命预测的关键要素。另外,还要对外部市场环境进行深刻剖析,特别是同类竞争产品的发展态势与竞争格局。

若无形资产的使用寿命有限,按其经济利益的预期实现方式在受益期内进行合理的摊销,摊销金额计入当期损益(研发费用、管理费用、主营业务成本等)。在数据资产的管理与评估范畴内,其独特之处在于其可复用性与价值潜力的时变性，显著区别于传统资产形态。这一特性意味着，数据资产在持续应用过程中不仅能够实现重复利用，还可能历经时间沉淀后，通过深入分析与挖掘，释放出先前未识别的价值增量。鉴于此，传统财务处理手段如直线摊销法，在应用于数据资产时可能显露出其局限性与不适宜性。

而使用寿命具有不确定性的无形资产，其会计处理需遵守特定的核算要求，即仅需于每年度末执行减值测试程序，以评估资产价值是否发生减值，而无须进行摊销处理。

（3）在数据资源被企业持有并确认为无形资产之运营阶段，若利用此类资源为客户提供服务，则应严格遵守《企业会计准则第14号——收入》等相关规定，精准确认由此产生的服务收入。同时，若服务提供过程满足特定条件，企业还需依据准则要求，将相关成本确认为合同履约成本。

6.3 数据资源的列示与披露

6.3.1 数据资源的列示

根据企业会计准则及《企业数据资源相关会计处理暂行规定》，企业需实施一套系统化的会计处理程序，该程序涵盖了对数据资源相关交易与事项的会计确认、计量与报告。在财务报表层面，企业被赋予了依据重要性原则与自身实际运营情境，深入剖析数据资源的持有目的、形成方式、业务模式及其预期经济利益消耗方式的责任，据此在资产负债表中以专门的报表子项目形式，将数据资源作为独立条目进行单独列示，具体如表6-3所示。

表 6-3　　　　　　　　数据资源入表的列报内容

数据资源分类	报表项目	列示金额
列至存货的数据资源	"存货"项目下增设"其中：数据资源"项目	反映资产负债表日确认为存货的数据资源的期末账面价值
列至无形资产的数据资源	"无形资产"项目下增设"其中：数据资源"项目	反映资产负债表日确认为无形资产的数据资源的期末账面价值
列至开发支出的数据资源	"开发支出"项目下增设"其中：数据资源"项目	反映资产负债表日正在进行数据资源研究开发项目满足资本化条件的支出金额

6.3.2　数据资源的披露

将数据资源纳入财务报表虽为量化其价值的一种重要手段，但绝非展示其全面价值的唯一路径。在复杂的经济生态与日益强调信息透明度的时代背景下，合理且充分的披露机制成为企业彰显数据资源深层价值的关键策略。数据资源的披露内容构成了一个多维度、多层次的体系，主要涵盖了两大部分：基于单项数据资源特点的强制披露与充分展示有价值信息的自愿披露。这种披露不仅是对财务数据的量化呈现，还融入了数据资源质量、应用场景、创新潜力及对企业战略贡献等非财务维度的深度剖析与阐述。如图 6-6 所示。

强制披露
会计报表附注中披露已确认为存货或无形资产的数据资源相关会计信息。

自愿披露
报表附注中披露针对企业实际情况，与数据资源相关的其他重要信息。

图 6-6　数据资源披露方式

1. 确认为存货的数据资源相关信息强制披露

确认为存货的数据资源相关信息强制披露内容主要包括五个方面。

第一,披露主体使用的数据资源。针对数据资源存货,依据其外购、自行加工及其他获取途径,细致划分并披露了各类数据资源的期初与期末余额、账面价值变动、明确分类、初次与后续计量方法、摊销或使用年限策略、累计摊销或摊耗状况及减值准备计提情况。

第二,类别、成本及发出方法。披露主要的存货类别及其相应金额、数据资源存货成本的发出方法。

第三,确认依据、计提方法、计提转回情况。披露数据资源存货可变现净值的评估基准、存货跌价准备计提所采用的策略与方法、当前会计期间内计提与转回存货跌价准备的金额详情,以及该计提与转回操作的具体背景与影响分析。

第四,具有重要影响的单项数据资源存货。遵循重要性原则,聚焦于对企业财务报表构成显著影响的项目,详尽披露其内容构成、账面价值及其可变现净值。

第五,其他数据资源存货。对于非关键性数据资源存货,披露所有权或使用权受特定限制的资源,以及被用作担保手段的数据资源存货,同时明确披露此类担保存货的账面价值详情。

数据资源存货的具体披露格式如表6-4所示。

表6-4　　　　　　　　数据资源存货的披露格式

项目	外购的数据资源存货	自行开发的数据资源存货	其他方式取得的数据资源存货	合计
一、账面原值				
1. 期初余额				
2. 本期增加金额				
其中:购入				
采集加工				
其他增加				

续表

项目	外购的数据资源存货	自行开发的数据资源存货	其他方式取得的数据资源存货	合计
3. 本期减少金额				
其中：处置				
失效且终止确认				
其他减少				
4. 期末余额				
二、存货跌价准备				
1. 期初余额				
2. 本期增加金额				
3. 本期减少金额				
其中：转回				
转销				
4. 期末余额				
三、账面价值				
1. 期末账面价值				
2. 期初账面价值				

2. 确认为无形资产的数据资源相关信息强制披露

确认为无形资产的数据资源相关信息强制披露内容主要包括九个方面。

第一，披露主体使用的数据资源。按外购、自行开发、其他方式取得的无形资产类别分别披露期初、期末余额及变动情况。披露期初、期末的账面价值、分类、初次计量方法、后续计量方法、摊销或使用年限、累计摊销或摊耗、减值准备等。

第二，使用寿命有限的数据资源无形资产。披露其预期使用寿命的估算依据及所采用的摊销方法。

第三，使用寿命不确定的数据资源无形资产。披露其账面价值及使用寿命不确定的判断依据。

第四，摊销期、摊销方法，或残值的变更内容、原因及影响数。依据

《企业会计准则第 28 号——会计政策、会计估计变更和差错更正》规定,企业需就数据资源无形资产摊销期、摊销方法或残值调整的具体内容、变更缘由及其对当前及未来会计期间财务状况与经营成果的潜在影响进行充分披露,并辅以必要的阐释说明。

第五,具有重要影响的单项数据资源无形资产。遵循重要性原则披露对企业财务报表具有重要影响的单项数据资源无形资产的内容、账面价值和剩余摊销期限。

第六,其他数据资源无形资产。对于非关键性数据资源无形资产,披露所有权或使用权受特定限制的资源,以及被用作担保手段的数据资源无形资产,同时明确披露此类担保无形资产的账面价值、当期摊销详情。

第七,研发支出分配。明确区分并披露那些计入当期损益的研究开发费用金额与最终确认为无形资产部分的金额。

第八,减值相关信息。依据《企业会计准则第 8 号——资产减值》及相关规定,应严谨披露与数据资源无形资产减值相关的评估信息,包括减值迹象的识别、测试方法及结果等。

第九,持有待售数据资源无形资产。依据《企业会计准则第 42 号——持有待售的非流动资产、处置组和终止经营》规定,对划分为持有待售类别的数据资源无形资产,需披露其分类依据、账面价值、预计处置时间等关键信息。

数据资源无形资产的具体披露格式如表 6-5 所示。

表 6-5　　　　　　　　数据资源无形资产的披露格式

项目	外购的数据资源无形资产	自行开发的数据资源无形资产	其他方式取得的数据资源无形资产	合计
一、账面原值				
1. 期初余额				
2. 本期增加金额				
其中:购入				
内部研发				

续表

项目	外购的数据资源无形资产	自行开发的数据资源无形资产	其他方式取得的数据资源无形资产	合计
其他增加				
3. 本期减少金额				
其中：处置				
失效且终止确认				
其他减少				
4. 期末余额				
二、累计摊销				
1. 期初余额				
2. 本期增加金额				
3. 本期减少金额				
其中：处置				
失效且终止确认				
其他减少				
4. 期末余额				
三、减值准备				
1. 期初余额				
2. 本期增加金额				
3. 本期减少金额				
4. 期末余额				
四、账面价值				
1. 期末账面价值				
2. 期初账面价值				

3. 数据资源其他相关信息强制披露

评估后的数据资源若显著影响企业财务报表，企业应详尽披露其评估基础，包括信息来源的权威性、时效性与相关性；详尽披露得出评估结论所依赖的假设前提，阐述其逻辑依据、适用范围及潜在限制；详尽披露其评估方法，并阐述其科学性与适用性；同时，详尽披露各关键参数的来源、分析逻辑、比较依据及测算流程，确保信息披露的严谨性与财务透明度。

数据资源评估的上述披露要求，形成一股外部鞭策之力，驱动企业构建精细化的内部管理体系。此举不仅触及企业数据资源价值的内核，识别并剖析其多元维度与价值来源，更激发了企业对于数据价值实现路径与策略的持续探索与创新。因此，详尽披露不仅是合规之需，更是企业提升数据管理效能、挖掘数据潜在价值、增强市场竞争力的重要途径。

4. 数据资源其他相关信息自愿披露

在法定强制披露框架之外，企业享有自主选择是否披露与数据资产密切相关的其他维度相关信息，此举旨在根据企业自身战略定位与发展需求，充分展现其在数据资源领域的专业深度与实践高度。自愿披露的范畴涵盖合规性、数据质量、数据资源投入、重大交易事项中涉及的数据资源及其他权利限制等八个披露要点。这些信息的合理披露有助于实现企业数据的透明化管理，以此提高公信力。如图 6-7 所示。

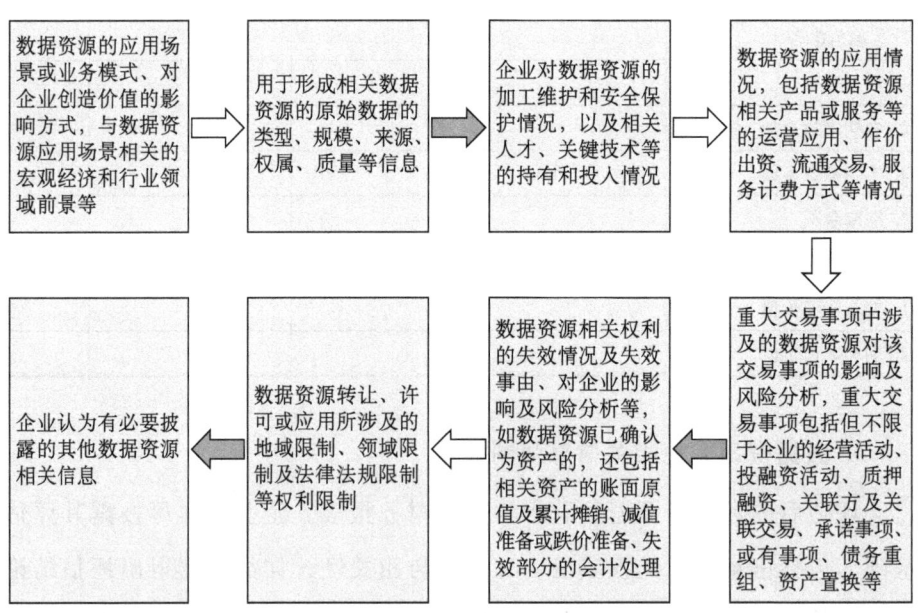

图 6-7 数据资源其他相关信息自愿披露

第 7 章

数据资源入表后的管理与评价

7.1 数据资产的价值挖掘

本章从企业决策和业务模式创新两个方面入手,对数据资产的价值进行挖掘。这是因为数据不仅能提升企业决策的科学性和精准性,而且还为企业进行业务模式创新打下了坚实基础。依托数据资产,企业能够更精准地了解市场、预测市场发展趋势、促进企业决策的民主化和科学化等,以此制定更有效的战略和资源配置方案。同时,数据驱动下的业务模式创新为企业拓展了新的增长路径,通过定制化产品和服务、优化运营流程、创新商业模式等方式,不断提升市场竞争力,实现可持续发展。总之,这两个方面相辅相成,共同推动企业价值的最大化。

7.1.1 数据资产在企业决策中的作用

在当今这个数据驱动的时代,数据资产对于企业决策的作用已远远超越了传统信息支持的范畴,成为企业进行战略决策举足轻重的工具。数据资产以其特有的方式重塑了企业的决策环境,为企业进行决策的各个阶段提供支持，从信息收集到分析解读，再到最终决策的形成与执行，都体现着数据资产的智慧与力量。

首先，数据资产为企业决策提供了更可靠的精准度。在传统的企业决策过程中，企业往往只依赖于有限的市场调研、专家意见或经验判断来制定企业战略方向，这些方式虽然有一定的价值，但容易受到主观性和片面性的影响。但是，数据资产则通过全面、客观地记录企业的运营情况、市场环境、竞争情况等关键信息，为决策者提供了极为丰富的数据支持。这些数据不但涵盖了数量庞大的事实性描述，而且还蕴含着复杂的市场关系、消费者行为模式以及潜在的风险与机遇。通过对这些数据的深入分析和挖掘，企业能够洞察市场的细微变化，把握未来的发展趋势，从而制定更加精准、科学的决策方案。

其次，数据资产增强了企业决策的可预见性。在当前快速变化的市场环境中，可预见性是企业决策成功的关键原因之一。数据资产持续追踪并记录市场动态、行业技术发展态势、消费者偏好，这些都可以为企业提供预测未来的依据。与此同时，通过对历史数据的分析，企业可以识别出市场变化的规律和趋势，预测未来可能出现的一系列情况，并制定有针对性的应对策略。这种可预见性的决策模式可以帮助企业抢占市场先机，确保企业走在行业前沿。

再次，数据资产可以促进企业决策的民主化与科学化。在传统的决策体系中，决策权往往高度集中在高层管理者手中，这在一定程度上限制了决策的全面性和多样性，而数据资产则为企业决策提供客观、中立的数据，打破了这一限制。通过数据的共享和开放，企业可以促使更多的员工和利益相关者参与决策的制定过程中来，共同分析数据、讨论问题、提出解决方案。这种民主化的决策模式可以集思广益、汇聚智慧，提高决策的质量和效果。

最后，数据资产还为企业决策提供了持续改进和优化的机会。在决策执行过程中，企业往往需要不断收集反馈信息、评估决策效果，并根据实际情况进行调整和优化。数据资产恰好可以为企业提供这种持续改进和优化的可能性。具体来说，通过对决策执行过程中产生的各种数据进行实时监测和有效分析，企业可以及时发现问题、分析差距、评价实施效果，并且根据分析结果，对决策方案进行针对性调整和优化。这种依托于数据的持续改进和优化的方式不仅有助于提升决策的质量和效果，还能增强企业的适应性和竞争力，推动企业不断向前发展。

数据资产不仅可以为企业提供更精准、更深入的信息支持，还增强了决策的预见性，促进了决策的民主化与科学化，提高了决策的质量和效果。同时，数据资产还为企业提供了强有力的数据安全保障和持续改进的机会。因此，企业应高度重视数据资产，充分发挥其在企业决策中的作用。

7.1.2 数据驱动的业务模式创新

目前，数据已远远超越了传统信息资源的范畴，化身为推动企业创新发展、引领行业改革的全新动力，企业正在经历着一场在数据驱动下的业务模式创新"革命"，重塑着企业的运营逻辑。在这场"革命"中，企业从传统的商业模式转向以数据为核心的新型商业模式，开辟了新的成长路径。

首先，企业想要拥有一张庞大的信息网，就需要构建一个高效的多渠道数据收集体系，识别和整合内外部的数据资源，广泛捕捉销售记录、客户反馈、市场调研、社交媒体互动等各个角落的信息，打造统一的数据资源库。

其次，运用先进的数据分析技术，将这些独立的数据进行清洗、转换和整合的过程，被串联成有效的信息链，为数据分析奠定基础；拥有了丰富的数据资源后，企业利用数据挖掘和数据分析技术，深入探索这些数据的内在价值。通过描述性分析，揭示企业的业务现状，如销售趋势、客户满意度等。通过预测性分析，能够帮助企业预测未来市场走势，制定前瞻性战略，为企业指明未来的方向。

最后，通过比较性分析和关联性分析，揭示不同因素之间的内在联系，使企业能够洞察市场的趋势、消费者行为以及竞争者的动态。简言之，数据要素通过多方面、多层次的分析，为企业业务模式的创新提供了方向。

在产品及服务方面，随着市场需求与消费者偏好不断演变，企业利用数据资源进行深度客户洞察，提供定制化的商品和服务，从而增强顾客的忠诚度并改善他们的体验。此外，依托于数据驱动的产品和服务创新，企业可以根据用户反馈来指导新产品的开发，推出诸如按需服务、预测性维护等新模式，以满足市场多样化的需求。

在运营层面，企业同样得益于数据驱动的改革。借助数据分析，企业不仅可以优化供应链管理、库存控制和物流配送等流程，而且还能够依据预测模型分析调整生产计划，有效解决库存积压的问题；同时，企业也可以通过集成物联网技术跟踪监控物流动态，提高货物运输效率。这些举措不仅大幅提升了运营效率，还有效缩减了生产成本，增强了企业的市场竞争力，进而带动了收益增长。

在商业模式优化方面，企业正积极探索新的盈利途径，如数据交易、数据服务及构建数据平台等策略。这些新型商业模式旨在充分利用数据资产的价值，通过提供数据分析、定制化解决方案和服务，以及创建开放的数据生态系统，来吸引客户、合作伙伴和投资者，从而实现商业价值的提升和增长。数据交易涉及直接买卖数据集或数据使用权，数据服务则聚焦于基于数据的专业分析、咨询和决策支持，而数据平台则是搭建一个集数据收集、处理、共享与交易于一体的综合平台，促进数据的流通与价值挖掘。这些策略不仅有助于企业拓宽收入来源，还能增强市场竞争力，推动业务创新与可持续发展。企业应努力构建一个数据驱动的生态系统，吸引第三方开发者与合作伙伴共同参与，合力打造一个互惠共生的价值网络。不过，这种业务模式的创新并非短期内就能完成的，企业必须对其现状进行详细分析，制定合适的实施方案，并持续跟踪数据变动和业务表现。

通过全方位的数据分析，企业能够客观评估业务模式创新的实际效果，从而灵活调整战略规划途径。确保这些新方案得以顺利实施并实现既定目标，同时在实践中不断积累经验，持续改进创新措施，以更好地适应市场和消费者的最新需求。在数据爆炸的时代，企业业务模式的创新已经离不开数据。通过构建多渠道的数据收集体系、利用多层次数据分析方法进行业务模式的创新和持续优化，使企业能够不断提升竞争力并实现可持续发展。在数据驱动的业务模式创新"革命"中，企业正以前所未有的速度和规模，向市场展现出商业世界的新面貌。

7.2 数据资产的安全与风险管理

7.2.1 数据资产的安全防护体系

在数据资产入表的过程中，数据安全防护占据了举足轻重的地位。数据泄露、数据完整性受损以及数据滥用等潜在风险严重威胁着数据安全。保障数据资产的安全性成为当下热门话题。数据资产作为新兴的生产要素，在企业的流转与利用中不断被发掘出潜在的价值。然而，数据资产的流动性增强、数据防护边界逐渐模糊，并且数据资产本身规模庞大、结构错综复杂，应用场景越来越丰富等内外部因素复杂地交织，数据安全问题越发严重。传统的以网络边界防护为核心的安全策略，在应对当前数据安全的严峻挑战时发挥的作用微乎其微。数据安全领域正面临着前所未有的考验，我们必须采取更为先进、更全面的管理策略。

因此，数据安全监管已经成为数据资产入表流程的核心一环。企业需建立完善的数据安全政策与合理的流程体系，强化权限访问控制机制，通过加密技术和数据脱敏手段保护敏感信息，确保数据在传输与存储过程中的相对安全。同时，必须建立一套完善的数据备份与恢复体系，以应对数据丢失或损坏情况。此外，企业还应执行数据审计与监控措施，及时发现并处理安全事件，确保数据活动的合规性与可追溯性。

1. 构建完善的数据安全政策与流程框架

第一，要制定全面的数据安全政策。数据安全政策是数据安全监管体系的基础，政策内容要全面，涵盖数据分类与分级、访问权限管理、数据加密与脱敏、备份数据与恢复等。在这个过程中，首先，应明确数据分类与分级标准，根据数据的敏感性、重要性及业务影响程度制定标准，再对数据进行分级与分类。其次，界定数据安全管理的责任，将责任落实到个人，明确各部门、岗位的职责和权限。最后建立数据安全管理流程，包括数据的采集、传输、存储、使用、销毁等全周期的安全管理流程。

第二，要构建完善的数据安全管理制度流程框架。此框架包括数据访问控制制度、数据加密与脱敏管理制度、数据备份与恢复制度、数据审计与监控制度等。需要针对这些制度制定明确具体的操作步骤、技术要求及违规处理措施，为数据安全管理保驾护航。

2. 强化访问控制机制

一方面，采用基于角色的访问控制（RBAC）是保障数据安全的关键措施。该方法通过向用户指定特定的角色，并赋予特定角色必要的权限，实现了对数据访问的精细化控制。企业应当依据具体的业务需求和数据的敏感性，细致规划角色及其权限，确保每位使用者仅能访问其职责所需的信息。具体而言，就是要清晰定义每个角色的责任与权限范围，避免权限重叠或缺失；依据员工的具体岗位职能和工作需求，精确分配相应的角色和权限；同时，建立一套权限调整的审批机制，确保任何权限调整都经过正规审批，并且保持完整的变更日志。

另一方面，引入强制访问控制机制（MAC）能够提供强有力的安全防护保障。相比于 RBAC，MAC 是一种更为严格的访问控制方式，因为它是由系统强制执行的，不给用户留有修改或绕过访问控制规则的空间。对于极其敏感的数据资产，在将其整合至管理系统的过程中，可以通过实施 MAC 机制来保障数据的安全性和完整性。具体做法包括为数据对象和用户设定安全标签或等级，以此作为访问控制的基础；基于这些安全属性制定具体的访问政策，明确规定哪些用户能够访问哪些类型的数据；系统应自动实施这些规定，并且持续跟踪所有的访问活动，记录每次访问行为以备后期审计查证。

3. 保护敏感信息

企业应利用数据加密技术对数据私密性进行保护，企业应根据数据的敏感程度和业务需求选择合适的加密技术和算法对相关数据进行加密处理。具体的方法有对称加密和非对称加密，对称加密是采用相同的密钥进行加密和解密，适用于大量数据的快速加密和解密，常用算法包括 AES、DES 等。非对称加密是使用一对密钥（公钥和私钥）进行加密和解密，适用于需要高安全性的数据传输和存储，常用算法包括 RSA、SM2。企业要根据数据的敏感性和应用场景制定加密策略，明确哪些数据需要加密、采用何种加密方式以及加密密钥的管理方式。同时，数据的脱敏技术也尤为重要，数据脱敏是在不改变数据业务逻辑和格式的前提下，对敏感数据进行变形处理以便保护隐私的一种技术手段。数据脱敏的具体方法包括替换法、掩码法、加密法。替换法是将敏感信息中的特定字符或字符序列替换为其他符号或特定字符串；掩码法是保留数据的部分特征以维持其基本结构，同时隐藏关键敏感信息；加密法是利用复杂的数学算法对敏感数据进行编码，实现数据的加密保护。企业应根据数据的敏感性和使用场景选择合适的数据脱敏方法和策略。

4. 建立数据备份与恢复体系

企业应基于数据的重要性和恢复需求制定合理且高效的备份策略。备份策略包括备份周期、备份方式及备份存储位置等内容。其要确保备份数据的完整性、可访问性和可用性。企业应按照既定备份策略的要求定期执行备份操作。备份操作应全力实现自动化、规范化，降低人为失误风险，确保不遗漏。同时，务必对备份数据进行验证和程序测试，确保备份数据的可恢复性。在数据丢失或受损时，实现快速恢复数据是确保业务连续性的核心要素。企业必须建立完善的数据恢复机制，此机制需涵盖恢复流程、恢复时间目标（RTO）和恢复点目标（RPO）等内容，并且定期进行恢复演练，检验恢复机制的有效性和实用性。

构建数据资产入表的安全监管体系是一个持续而漫长的过程，需要企业不断投入资源和精力进行完善和优化。随着大数据、云计算等技术的持续进步和应用场景的不断延伸，数据安全面临的挑战也将越来越复杂和多样。因此，企业应保持对数据安全技术的关注和研究，不断强化自身的数据安全防护能力。

7.2.2 数据资产的风险识别与应对策略

1. 数据资产的风险识别流程

数据资产面临着诸多风险，包括数据泄露、数据篡改、数据丢失等。这些风险可能对企业的经济利益造成损害，还可能影响企业的声誉和长期发展。因此，对数据资产的风险进行有效识别与应对，已成为企业数据管理的重要内容。

数据资产风险识别的具体流程如图7-1所示。

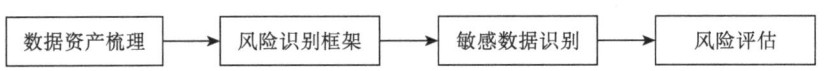

图7-1 数据资产风险识别流程

数据资产梳理是风险识别的第一步，企业需全面梳理数据资产，包括结构化数据和非结构化数据。企业需要全面掌握数据的来源、用途以及存储方式，构建完整的数据资产目录。借助数据资产梳理，企业能清晰地掌握自身的数据资源状况，为后续的风险识别打下坚实的基础。建立风险识别框架是进行数据资产风险识别的重要环节。企业应明确风险类型、风险来源、风险影响等，为风险识别提供指导。常见的风险类型主要有数据泄露风险、数据篡改风险、数据丢失风险等。风险来源可能包括内部员工、外部黑客、供应链合作伙伴等。风险产生的影响广泛涉及企业的经济利益、声誉、法律合规性等多个方面。同时，敏感数据，包括客户个人信息、商业机密等作为企业数据资产中的关键部分，需特别重视。这些数据的泄露或不当使用可能给企业造成重大经济损失。在风险识别过程中，企业应特别关注敏感数据的辨别与保护。运用技术手段，如数据分析、机器学习，提高敏感数据甄别的准确性和工作效率。基于风险识别的框架，企业还要对潜在的数据风险进行量化分析，精确评估其发生的可能性和影响程度，通过应用合适的风险评估技术，如风险矩阵、风险指数，对风险进行评估。同时，还需明确风险评估的标准，如数据的重要性、敏感度与合规性，为风险评估提供依据。基于评估所得的结论，确定风险等级和优先级，为后续的风险应对提供关键性指导。

2. 数据资产面临的主要风险

在数据资产生命周期的各个阶段，从数据采集到最终的数据销毁，每一步都伴随着潜在的风险。这些风险不仅威胁数据的安全性、完整性和可用性，还可能对企业的运营、声誉乃至法律上的合规性产生深远影响。企业数据资产主要面临以下几种风险：

一是数据泄露风险。数据泄露是企业数据资产面临的最直接也是最严重的风险之一。一旦敏感数据，包括客户信息、商业机密等被未经授权的人员获取，可能会导致企业遭受经济损失、客户信任度下降以及法律诉讼等严重后果。数据泄露的原因有很多，主要包括黑客攻击内部网络、内部工作人员泄密、第三方供应商管理不善等。

二是数据篡改风险。数据篡改是指数据在存储或传输过程中被恶意修改或破坏的行为，这种行为使得数据的真实性和完整性面临严峻挑战。此类风险可能源于黑客的恶意攻击，也可能由于系统存在漏洞或权限管理不当，从而导致内部人员在操作过程中出现失误。未经授权的数据篡改不仅会影响企业的决策准确性，还可能误导市场和客户，对企业的业务以及声誉造成威胁。

三是数据丢失风险。数据丢失风险是数据因意外删除、系统故障、自然灾害等原因而永久或暂时丢失的风险。这种风险可能会导致企业的重要核心业务数据丢失，进而影响企业的正常运营和决策的进行。数据丢失的风险难以彻底解除，但通过合理的备份和恢复策略可以最大限度地减少这类风险发生的可能性。

四是合规性风险。随着数据保护法律法规的不断完善，企业在处理和使用数据资产时必须遵守一系列规定和准则。如果企业未能遵守相关法律要求，比如，未经用户同意收集个人信息、或者未实施恰当的安全措施保障数据安全，就可能会遭受法律制裁，同时也会面临声誉损失。

五是供应链风险。在全球化背景下，企业的供应链管理日益复杂，数据在供应链中的流动也变得更为频繁和复杂。供应链中的任何一环出现问题，都可能导致数据泄露、篡改或丢失等风险。因此，企业需要强化对供应链合作伙伴的数据安全管理措施，确保整个供应链的数据安全性。

3. 数据资产风险应对措施

针对上述风险，企业应确立全面的数据资产防护措施，从多个角度入手，构建坚实的数据资产安全防线。

第一，企业应强化数据访问管控措施。企业通过建立严格的访问控制机制，确保仅有经过授权的人员才能接触敏感数据，通过身份验证、权限管理和审计追踪等措施，防止未经授权的数据访问和信息泄露。同时，企业还应定期对访问权限进行审查和更新，确保权限的合理性和有效性。

第二，实施数据加密技术。数据加密是保护数据在存储和传输过程中安全性的关键技术。企业应采用前沿加密技术，对敏感数据进行加密处理，确保即使数据被窃取也无法被轻易解析。同时，企业需实施定期的加密算法和密钥更新管理机制，以应对不断演变的安全威胁。

第三，建立数据备份与恢复机制。企业应制定详尽、完善的数据备份计划，周期性地对重要数据进行备份，并存储在安全可靠的位置。企业还应建立快速有效的数据恢复系统，确保在数据丢失或损坏时能够迅速恢复数据。

第四，企业还应加强合规性管理。通过建立健全合规性管理体系，保证数据处理活动符合法律法规的要求和规章制度。通过制定数据保护政策、强化员工合规培训计划、定期进行合规性审计等措施，提高企业的数据合规性水平。同时，密切关注相关法律法规的变化和更新，及时调整和完善企业的合规性策略。

第五,加强供应链安全管理。企业要加强对供应链合作伙伴的数据安全管控,确保整个供应链数据的安全性。通过与合作伙伴签订数据保护协议,实施周期性数据安全评估、加强沟通和协作等措施,共同维护供应链的数据安全。对于不符合数据安全要求的合作伙伴,企业应果断采取措施予以纠正或终止合作。

第六,企业还可以通过引入先进的安全技术和工具,如人工智能、大数据分析等,提高数据保护的智能化、自动化水平,还可以通过定期举办信息安全培训活动,强化员工对数据安全重要性的认识,教导员工如何识别和防范常见的安全威胁等方式,对数据资产的潜在风险进行管控。

7.3 数据资源入表质量评价

7.3.1 数据资源入表质量评价的目的和意义

1. 数据资源入表质量评价的目的

第一,增强数据的可信度和有效性。在大规模的数据资产中,常见的问题有错误信息、数据缺失、数据重复或不一致的数据,这些问题如果不及时解决,不仅直接损害数据的真实性和可信度,而且还会影响基于这些数据所做的决策和分析的结果。借助系统全面的数据质量评价,企业能够精确识别数据中的各种问题,实施精准对策进行修正,确保数据在后续使用过程中的准确有效。这个过程不但能显著提升企业的决策效率,而且能降低因数据错误而导致的损失和风险。

第二,确保数据应用的质量。高质量的数据是企业进行分析和决策的基石。在大数据驱动的时代背景下,企业日益倚重用数据来指导业务运营和制定企业决策、未来规划。若数据质量得不到保障,那么基于这些数据的分析和决策就可能不够准确和没有说服力,甚至会造成严重的业务风险。数据质量评价通过确保数据的准确性、完整性、一致性和时效性,为数据应用提供了稳固的质量保障,确保企业能够放心地运用数据进行决策和分析。

第三,评估数据资产的价值。当前,数据被视为企业的核心资产之一,其价值高低直接受到质量的影响。高质量的数据能够为企业带来更多的商业和竞争优势。数据质量评价通过生成数据质量的定量指标和评估结果,帮助企业深入理解自身数据资产的实际价值和可能存在的风险,从而为企业制定企业决策和投资策略提供有力支持。同时,这些评估结果还可以作为数据定价和交易的重要参考依据,从而推动数据市场的健康发展。

第四,指导数据管理工作。数据质量评价是衡量数据质量的过程,同时也是对数据管理工作的全面审视和指导。凭借评价结果,企业可以清晰地了解自身在数据采集、存储、处理、分析等环节中存在的问题和缺陷,从而确立指向性的改善策略和优化方案。这样做有助于提升企业的数据管理效能,确保数据质量的持续优化和稳定可控。同时,数据质量评价还可以作为数据管理工作的考核依据,激励员工积极主动地参与数据质量提升工作,以此形成良性循环。

第五,建立数据质量意识。数据质量评价不仅是技术层面的工作,更是企业文化层面的重要内容。将质量评价作为常规工作并将其纳入企业管理体系中,企业便可以逐步建立起重视数据质量的文化氛围。这种文化氛围将促使员工在日常工作中越发注重数据的准确性和可靠性,形成自觉遵守数据质量管理规范和标准的良好习惯。同时,企业还可以通过开展数据质量培训和教育活动等方式,提升员工的数据质量意识和技能水平,为企业的数据治理工作提供有力支持和强大动能。

2. 数据资源入表质量评价的意义

一是精准判断数据质量、找出存在的问题。数据质量评价借助一套科学的评估指标和方法体系,能够较为精准地衡量数据的质量状况,有效识别问题。这些评估指标通常涉及数据的准确性、完整性、一致性、时效性和可访问性等多个方面，涵盖了数据质量的各个方面和维度。通过对这些评估指标的综合分析和评价，企业能够全方位地洞察自身数据的质量和存在的问题，为数据质量提升工作提供有力支持。

二是为数据治理提供科学依据。数据治理构成了企业数据管理工作的核心，目的在于确保数据的合规性、安全性和有效性。数据质量评价作为数据治理的重要组成部分，能够为数据治理工作提供更为科学的依据和强大支撑。通过对评价结果进行细致分析，企业可以更加明确地了解自身在数据治理方面的薄弱环节，从而确立精确的提升策略与完善计划，引领后续的数据采集、处理、存储等过程。

三是引导企业重视数据质量。众多企业在专注追求数据规模和速度的同时，却忽略了数据质量的重要性。数据质量评价通过识别数据中的问题和风险点、着重强调数据质量对于企业运营和决策的重要性等方式来引导企业重视数据质量。这种引导机制有效提升了企业管理层以及员工对于数据高质量的认知和重视程度，并促使企业在日常工作中更加严格把控数据的质量。

四是支持数据驱动的决策。高质量的数据构成了企业进行数据驱动决策的重要基础。数据质量评价通过确保存储的数据具有高质量，有力支撑企业实施基于数据驱动的决策过程。在决策过程中，企业可以依托高质量的数据进行深入分析和挖掘，以此发现潜在的商业机会和风险因素。同时也可以通过对比不同数据源和模型的结果来验证决策的合理性和可行性。这种基于高质量数据的决策过程将大大提升企业的决策效率和准确性，并降低因数据错误而导致的决策风险。

五是监控数据质量变化，考核工作效果。数据质量会随着时间的推移而发生变化，因此，定期开展数据质量评价工作有助于企业及时监控数据质量的变化情况，并采取相应的措施进行调整和优化。企业通过对比和分析定期评价结果，可以发现数据质量的变化趋势和潜在问题，从而及时采取措施进行干预和纠正。同时，还可以以此评估数据管理工作的成效。

六是严格遵守相关法规要求。随着数据保护法规的不断完善和加强，越来越多的国家和地区开始对数据质量提出了明确要求。根据欧盟《通用数据保护条例》的规定，企业在处理个人数据时必须遵守一系列数据质量和隐私保护制度。对于企业而言，遵守相关法规要求是开展数据质量评价工作的重要意义之一。企业定期开展数据质量评价工作，应严格遵守相关法规要求。

七是为数据治理提供技术支持与优化策略。数据质量评价不仅可以验证治理规则执行效果和优化治理策略，也可以帮助企业不断精进和完善自身的数据治理体系，从而提升数据质量和数据管理能力水平。

7.3.2 数据资源入表质量评价方法

1. 数据资源入表质量评价指标体系

在构建数据质量评价指标体系时，需遵守一系列核心原则。指标设计原则包括科学性原则、系统性原则、通用性原则、可操作性原则、协调性原则、引导性原则。科学性原则强调确保指标体系的建立是基于坚实的科学理论和方法，采用经过验证的指标体系设计和计算方式，确保评价结果客观、准确。系统性原则考虑评价指标体系结构是否完整、层次分明，要求能够全面覆盖数据质量的多个方面，形成逻辑清晰、相互关联的系统。通用性原则要求在设计指标时应具有普适性，需要考虑多个行业、各个阶段的数据质量评价要求，确保能够满足不同行业、不同发展阶段的数据质量评价需求，同时适用于数据的全生命周期管理。可操作性原则要求指标的概念、定义需明确具体，计算方法应简明易懂，便于实际操作和执行，防止过高的复杂度而影响实用性。同时，评价方式需切实可行。协调性原则强调指标体系应符合国家法律法规和相关标准的要求，与其他相关评价体系和标准保持协调一致。引导性原则通过合理设置指标，引导评估单位和被评估单位关注数据质量的关键环节，指导目标行为或决策方向。

在构建具体的数据质量评价指标体系时，可以参考如《信息技术—数据质量评价指标》（GB/T 36344—2018）和《林业数据质量　评价方法》

（LY/T 2922—2017）等数据治理规定，从数据的规范性、完整性、准确性、一致性、时效性和可访问性六个核心维度出发，进一步细化二级指标，并根据实际环境、数据接口、处理技术和功能需求，灵活设置三级、四级评价指标。这些具体指标应通过特定的指标规则和数据的形态格式与数据处理的具体环境紧密相连，确保评价体系的针对性和有效性。如图7-2所示。

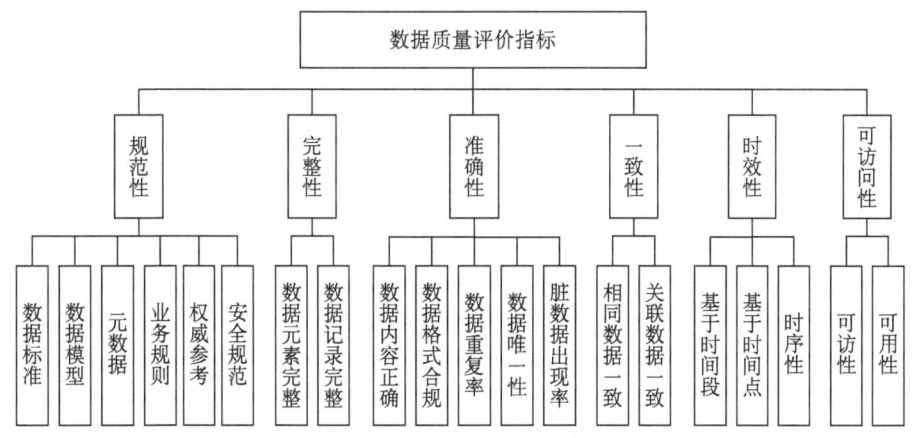

图7-2 数据质量评价指标

2. 数据资源入表质量评价具体方法

当前，学术界与业界对数据质量评价方法的探索已形成了三大主流路径：定性评价、定量评价以及定性与定量相结合的综合评价方法。这些方法各具特色，相互补充，共同构成了全面评价数据质量的多维度框架。

一是定性评价。定性评价方法是基于深厚的专业领域知识和丰富的个人经验积累的一种方法，它侧重于通过一定的评价标准，进行直观判断与逻辑推理，以此来评估数据质量。这一方法的核心在于构建一套科学合理的评价指标体系，这些指标往往围绕数据的多个关键维度展开，如早期的一些学者提出的准确性、时效性、完整性和一致性。这些基本维度构成了数据质量评价的基石，为后续的深入分析提供了坚实的支撑。

在定性评价实践中，数据质量指标量化法得到了广泛应用。当前一些学者通过细致划分指标类别，分为直接指标与间接指标，并运用GQM（目标—问题式）方法，即明确评价目标、提出具体问题、设定具体度量标准，来构建更为细致且具可操作性的数据质量评价指标体系。这一过程不仅要求评价者具备深厚的专业知识，还要求其能够灵活运用这些知识来指导实践。

二是定量评价。定量评价是以数据与模型为驱动的科学评估。相较于定性评价的主观性与经验性，定量评价则更加注重客观性与精确性。它通过将评价指标进行量化处理，并运用数学统计模型或算法对数据进行深入分析，从而得出更加科学、客观的评价结果，使其具有较好的信度。这一方法更多地应用于结构化数据库的评价，例如，在针对关系型数据库数据质量的精确性、完整性这两个重要指标进行评价时，关系代数操作、信息量差异分析以及概率论等数学工具被广泛应用。通过关系代数操作，可以精确量化数据的完整性和精确性；而基于概率论的方法，则能有效评估数据的时效性，为数据质量的全面评价提供了有力的技术支持。

三是定性与定量相结合的方法。该方法融合了定性评价与定量评价的优势，构建全面的评价体系。面对复杂多变的数据环境，单一的评价方法往往难以全面反映数据质量的真实状况。因此，定性与定量相结合的综合评价方法逐渐成为主流趋势。该方法既吸收了定性评价在专业知识与经验判断方面的优势，又融入了定量评价在客观性与精确性方面的长处，实现了优势互补、相互支撑。

在定性与定量相结合的评价实践中，常见的做法是在构建评价指标体系时充分考虑数据的多个维度与特性，同时运用数学手段对定性指标进行量化处理。例如，通过德尔菲法、模糊综合评价法或层次分析法等方法，将评价者的主观判断转化为可量化的评分结果。这一过程既保留了评价者的专业见解与经验智慧，又确保了评价结果的客观性与科学性。

此外，定性与定量相结合的评价方法还注重结合具体的应用场景与需求来构建评价体系。例如，在面向数据用户的需求评价中，可以通过数据质量调查的方式收集用户反馈信息，构建更加贴近用户实际需求的评价指标体系；而在面向特定业务场景的评价中，则可根据业务流程与数据使用特点制定评价指标与量化方法。

7.3.3 数据资源入表质量评价流程

1. 分析需求，明确目标

数据质量评价的首要任务是深入解析业务需求，这是构建针对性评价指标体系的根基。各类业务场景在数据的需求上各有不同，一些场景强调数据的实时性，有的则更看重数据的准确性和完整性。因此，在开始评价前，必须明确业务对数据资源的具体需求特征，涵盖数据的应用场景、使用频率、关键性指标等。

同时，在生命周期的不同阶段，数据质量的关注点也会发生变化。例如，在数据收集阶段，可能更关注数据的全面性和准确性；而在数据分析阶段，焦点则可能转向数据的时效性和一致性。因此，清晰设定当前阶段数据质量管理的目标显得至关重要。这有助于聚焦关键问题，制定切实可行的评价策略，确保评价工作的有效性和针对性。

2. 确定评价对象及范围

在明确了业务需求和管理目标之后，紧随其后的是确定评价工作的具体对象和范围。评价对象能够针对单一数据元素或整体数据集合进行分析，不论评估范围是聚焦于特性、规模还是时间跨度，均需清晰界定其具体边界。此举措有助于清晰界定评价工作的范畴，有效预防评价流程中的疏漏与冗余。

此外，值得注意的是，评价对象应限定为一个确定的静态集合。这意味着在评价过程中，评价主题不能发生变化，以确保评价结果的稳定性和可信度。在评价开始前，应对评价对象进行全面细致的梳理和核实，确保其符合评价要求。

3. 选取质量评价维度及评价方法

数据质量评价维度是反映数据质量状况的具体指标，如正确性、准确性、完整性、一致性、时效性等。这些维度构成了数据质量评价的主要内容，也是控制和提升数据质量的关键所在。在选取评价维度时，应充分考虑业务需求和管理目标，选择那些对业务影响最大、最具有代表性的维度作为评价指标。对于不同数据类型和数据生产阶段，同一质量维度可能具有不同的具体含义和内容。因此，在确定评价维度时，应根据实际情况和生命阶段进行灵活调整，确保评价维度的针对性和适用性。

在确定评价维度之后，接下来需要选取合适的评价方法。评价方法的选择应基于评价对象的特点和评价维度的要求，确保评价结果的客观性和准确性。常见的评价方法包括定量评价和定性评价。在实际应用中，可以根据需要采用单一方法或多种方法相结合的方式进行评价。

4. 进行质量评价

在确定评价对象、范围、维度和方法之后，就可以正式开始质量评价工作。评价过程应遵循科学、严谨、客观的原则，确保评价结果的可靠性和有效性。

首先，针对评价对象进行抽样处理，目的是缩减评价工作量并提高评价效率。抽样时应遵循随机性、代表性和可重复性的原则，确保每个样本都能够准确反映整体特征。

其次，根据选定的评价方法和维度对样本数据进行量化评估和分析。量化过程中应确保数据的准确性和统一性，以防人为误差和干扰。在分析阶段，应深入探索数据背后的规律和走向，为评价结论的形成提供有力支持。

最后，通过全面考量多个质量维度的评测结果并进行综合评估，形成对评价对象整体质量状况的评价结论。

需要注意的是，单一的数据质量测量难以充分反映数据质量的全面状况，因此需要通过多个维度的组合来提供更加丰富的信息。

5. 出具数据质量评价报告

经过抽样、度量、评价之后，可以得出评价结论并撰写数据质量评价报告。报告是评价工作的最终成果体现，也是后续数据质量管理和治理的重要依据。

在撰写报告时,应首先明确报告的目的和受众群体,以便有针对性地组织内容和结构。报告内容应包括数据质量目标、评价范围、评价结论、问题分析以及质量改善建议等方面。其中,评价结论应简洁明了地概括评价对象的质量状况;问题分析应深入挖掘导致质量问题的原因和根源;质量改善建议则应提出具体可行的改进措施和方案。

此外,为了提高报告的可读性和易用性,还可以采用可视化方式展现评价结果和分析内容。例如,使用图表、图形等形式来展示数据质量的分布情况和变化趋势;使用颜色、符号等视觉元素来突出显示关键问题和重点建议等。

7.3.4 数据资源入表质量智能评价

利用智能化、标准化与一体化的数据质量评价体系,企业能深入融合特定行业领域专业知识与评价方法,从而实现对数据全方位、高精度的评价。该评价体系紧密依托国家准则、行业标准及技术指南,从规范性、完整性、准确性、一致性、时效性和可访问性六大核心维度出发,确保对数据质量的全面考量。

在数据质量管理的实际操作中,智能化技术明显提升了评价效率与准确性。该评价体系依靠自动化数据探索功能,精准识别潜在问题;具备灵活的规则库,适应不同业务各个场景的需求;智能化的任务调度则保障了评价流程的高效运行。此外,该评价体系支持定制化开发,满足不同企业的个性化需求,而自动生成的评价报告则为企业提供了清晰、深入的数据质量分析视图。

更重要的是,智能评价体系还拥有卓越的质量归因分析功能,能够深入探索数据质量问题的根源,从而为全面实现系统的质量改善提供有力支持和指导。这一系列自动化分析与处理流程,不仅显著减少了人工成本,同时实现了数据质量评价的科学化、全面化及专业化,有效促进了企业数据资产价值的提升与业务决策的精准性。

第 8 章

数据资源入表后的应用

在数字化时代,数据资源的价值日益凸显,其实现方式多元且深刻影响着企业与社会的运作效率。数据资源的价值主要体现在两大维度:一是作为生产要素,直接提升生产效率与治理能力;二是通过加工转化为数据产品,进入市场流通,实现经济价值。这两种体现方式共同构建了数据资源的全面价值体系。

首先,数据资源作为生产要素,其核心价值在于使用价值。数据资源入表后,这一价值被进一步放大。它不仅为企业和政府提供了详尽、准确的信息基础,还通过搭建强大的数据分析平台,赋能决策者以更广阔的视野和更深刻的洞察力,精准把握市场动态、客户需求及业务运营细节,从而实现生产效率与治理能力的双重飞跃。

其次,数据资源的商品化转变是其经济价值实现的重要途径。当数据被精心加工成数据产品,并作为商品或资产进入市场时,其交换价值便得以显现。这一过程不仅促进了数据资源的流通与共享,还激发了市场对数据产品的需求与竞争,推动了数据经济的蓬勃发展。只有当数据要素能够自由流通于市场之中,其作为生产要素的潜力才能被充分挖掘,价值才能真正得到体现(杜紫竹,2023)。数据资源入表后,不仅简化了数据管理的复杂性,提高了数据处理的效率,还为企业构建了更加完善的数据生态系统。在这个生态系统中，数据不再是孤立的信息点，而是相互关联、相互作用的有机整体。企业可以利用这一优势，深入挖掘数据背后的价值，发现新的商业机会，推动产品与服务的持续创新。

本章将围绕数据资源入表后的多个关键应用场景进行深入探讨，展示其如何成为企业实现可持续发展的强大驱动力。

8.1 数据交易平台的搭建与运营

近年来，地方政府与数字经济企业在探讨"如何推动数据要素向市场化方向配置"的过程中，将数据交易平台的建设作为一项实践性的尝试。数据交易平台的建设被视为推动数据要素市场化配置的关键途径之一，平台的高效运作和广泛应用在某种程度上反映了数据要素市场化配置的效率水平。数据交易平台为数据交易提供了坚实的基础，其核心使命是构建一个数据流通、交易和服务的协同生态环境（徐玖玖，2022）。该平台为数据供应方提供了一个要素变化的场所，为数据经纪商提供了一个开发数据产品的平台，同时也为满足数据产业持续发展需求的数据需求者提供了一个获取数据要素的途径。

8.1.1 数据交易平台的现状与特征

成立于 2014 年的数海大数据交易平台，是国内最早拥有相对完整资质的大数据交易平台。国内首家大数据交易所——贵阳大数据交易所成立于 2015 年，其成立对国内其他大数据交易平台的发展影响深远，各数据交易平台及交易所也在此之后迅速成立。

基于不同的业务模式，数据交易平台可分为两类：一类是第三方数据交易平台，对数据供应方和需求方以会员的方式进行筛选，将供需双方的对接以中间人的身份进行撮合，平台自身不参与数据交易，由买卖双方就数据定价、购买期限、使用方式、转让条件等进行协商。另一类是为数据供需方提供中立地位的交易平台，即混合数据交易平台，同时也参与数据交易，充当数据提供者和服务者的角色。数据来源主要是企业内部数据，从线下收集数据，从线上获取。

根据平台主体背景的不同，数据交易平台大致可分为两类：一类是政府参与的数据交易平台（如表8-1所示），如北京大数据交易服务平台，服务领域集中在公共事业和政府治理领域，平台的数据来源主要依赖政府公开数据、政府部门内部数据以及通过合法途径获取的其他公共数据。另一类是以企业为主导的数据交易平台（如表8-2所示）。以企业为主导的数据交易平台，其又分为两类：一是数据服务商类型，以北京数据堂、深圳数多多、江苏聚合数据为典型代表，数据来源广泛，同时承担数据采集方、需求方、供应方、分析方、服务商等角色，全程参与数据产业链，形成"产、供、销"一体化的模式，以数据为基础。二是大型互联网企业派生类型，依托于母公司建立的数据交易平台子公司，这类公司拥有庞大的电商数据、金融数据、行为数据等，具有明显的继承"基因"，以互联网巨头京东、阿里巴巴为代表。它们与母公司关联性强，并拥有特点显著的数据来源、服务领域和业务特征。所以，不同类型的主体能够将丰富的基础数据、多样化的数据产品提供给市场，进而满足差异化的数据需求。数据交易市场火爆的一个重要因素就是错位竞争。

表8-1　　　　　　　政府参与型数据交易平台基本情况概览

平台名称	所在地区	业务模式	数据来源	服务领域	产品特点
贵阳大数据交易所	贵州省（西南）	混合数据交易平台	政府公开数据、企业内部数据、网页爬虫数据等	政府、经济、教育、环境、医疗、交通、商业、工业等	不进行基础数据交易
贵州数据宝网络科技有限公司	贵州省（西南）	混合数据交易平台	政府公开数据、数据供应方提供的数据等	经济、法律、交通、通信、商业等	国有大数据的整合处理与加工

续表

平台名称	所在地区	业务模式	数据来源	服务领域	产品特点
北京大数据交易服务平台	北京市（华北）	混合数据交易平台	政府公开数据、企业内部数据、网页爬虫数据等	政府、经济、人文、交通等	交通政务数据社会化共享
中关村数海大数据交易平台	北京市（华北）	第三方数据交易平台	数据供应方提供的数据	政府、经济、教育、环境、医疗、交通等	不储存数据，仅提供交易渠道
上海大数据交易中心	上海市（华东）	第三方数据交易平台	数据供应方提供的数据	政府、经济、人文、交通、商业等	xID技术体系
江苏大数据交易中心	江苏省（华东）	混合数据交易平台	政府公开数据、数据供应方提供的数据、网页爬虫数据等	政府、教育、法律、医疗、人文、商业等	主要面向宏观经济政策以及行业的调研
钱塘大数据交易中心	浙江省（华东）	第三方数据交易平台	数据供应方提供的数据	政府、经济、人文、交通、商业等	擅长工业大数据服务
中原大数据交易平台	河南省（华中）	第三方数据交易平台	数据供应方提供的数据	电商、企业、生活服务、资源能化、交通地理、金融服务、医疗等	主要为工业能源、数据服务
华中大数据交易所	湖北省（华中）	第三方数据交易平台	数据供应方提供的数据	经济、教育、环境、医疗、交通、通信、农业	机构和个人用户均可使用，竞价交易
东湖大数据交易中心	湖北省（华中）	混合数据交易平台	政府公开数据、企业内部数据等	政府、招商、扶贫、工会旅游经济环境、法律、医疗、人文等	"政务数据资产运营"的开拓者
哈尔滨数据交易平台	黑龙江（东北）	混合数据交易平台	政府公开数据、网页爬虫数据等	政府、经济、医疗、交通等	主要面向政府决策
西咸新区大数据交易所	陕西省（西北）	混合数据交易平台	政府公开数据、企业内部数据公共服务数据供应方提供的数据、网页爬虫数据等	政府、经济、人文、交通等	无

资料来源：各数据交易平台网站。

表8－2　　　　　　　　企业主导型数据交易平台基本情况概览

平台名称	所在地区	业务模式	数据来源	服务领域	产品特点
数据堂	北京市（华北）	混合数据交易平台	企业内部数据、数据供应方提供的数据、网页爬虫数据等	环境、地理、人文、交通等	人工智能数据
数粮大数据交易平台	北京市（华北）	第三方数据交易平台	数据供应方提供的数据	经济/金融/贸易、农业/工业、工程/能源/地产、通信/IT/社交科教等	主要为数据包的商品服务
京东万象（大型互联网企业派生）	北京市（华北）	混合数据交易平台	企业内部数据、数据供应方提供的数据、合作伙伴数据等	城市、零售、金融、物流、智能供应链智能IDC教育智能家居等	主要以云服务为主
聚合数据	江苏省（华东）	混合数据交易平台	企业内部数据、网页爬虫数据、互联网开放数据等	生活服务、金融科技交通地理、充值缴费数据智能、企业管理等	主要项目为电话短信息、汽车加油等生活类服务
发源地大数据交易平台	上海市（华东）	第三方数据交易平台	数据供应方提供的数据	社交、金融、电商、汽车、人才、房产、医疗、企业、旅游、科研、咨询、阅读等	保障产品知识产权、自主研发技术
天元数据	江苏省（华东）	混合数据交易平台	政府公开数据、企业内部数据、数据供应方、联盟伙伴数据等	线上零售、生活服务、企业数据农业资源能化等十大类	电商数据高于行业平均水平
淘数据（大型互联网企业派生）	浙江省（华东）	混合数据交易平台	淘宝全行业、品牌、店铺、直播、预售数据、抖音快手数据等	行业数据、爆款分析、热词推荐、产品里程碑等	为淘宝卖家提供数据查询、分析等
数多多	广东省（华南）	混合数据交易平台	网页爬虫数据	教育、金融、市场咨询、消费者洞察、广告、税务等	八爪鱼采集

续表

平台名称	所在地区	业务模式	数据来源	服务领域	产品特点
iDataAPI	广东省（华南）	混合数据交易平台	网页爬虫数据	社交、电商、新闻资讯、工商、企业、泛娱乐、POI等	智能、实时、允许历史数据回溯的数据产品
阿凡达数据	湖北省（华中）	第三方数据交易平台	网页爬虫数据	金融股票、充值认证、便民类、新闻文章、医药交通、科教文艺等	主要关于网络热词
SHOWAPI	云南省（西南）	混合数据交易平台	网页爬虫数据、企业部数据供应方提供的数据等	金融商业、企业管理、数字营销、生活服务、虚拟充值、人工智能等	主要为API业务
美林数据	陕西省（西北）	混合数据交易平台	政府公开数据、企业内部数据供应方提供的数据、网页爬虫数据等	智能制造、智能能源、智慧军工汽车装配、家电制造、智慧水务等	主要为工业制造业、能源业等提供数据服务

资料来源：各数据交易平台网站。

就目前国内的数据交易平台而言，具有如下几个显著特征：

（1）数据交易平台内多元数据源共存融合。国内数据交易平台类型如贵阳大数据交易所，大多提供综合数据服务，数据来源以政府公开数据、企业内部数据、网页爬虫数据为主，多元数商入局，满足需方个性化要求。

（2）多层次探索数据要素市场——全国数据交易中心对数据要素市场进行多层次的探索。在现有的数据交易平台中，角色多元化也是一大特色。数据交易参与方包括产生原始数据的数据主体，这既包括数据交易所上市数据产品的提供者，也包括买方，此外还包括交易监管方，对数据进行采集、标记、加工、分析、提供和公开的数据处理方。从主体本身而言，也包含了多类主体，如政府、企业、个人。

(3) 公共数据开放程度较低，未能充分挖掘其价值。一方面各个领域对数据的应用尚处于探索阶段，国内仍有大量平台仍在筹备探索中，对于平台交易并未完全放开。另一方面，平台权限与能力有限，数据治理和数据开发能力不足，技术应用层面的能力仍处于初级水平，所以不能充分挖掘各类数据价值。尤其是公众数据开放程度低，难以获取利用。

(4) 数据供需关系网络较为简单，尚未完全发挥网络效应，目前数据交易集中在场外进行，数据交易的供需方比较固定，或者可选择的空间很少。这种局面主要由两个方面原因造成：一方面是数据交易涉及商业机密；另一方面是存在法律风险的不确定性（陈宏民等，2023）。市场主体交易的"不敢、不愿、不能"三大难题将长期存在于数据要素交易市场中。各大平台缺乏对数据交易统一的标准和规范制度，加剧交易主体"不愿"交易的意向。数据定价、数据确权等一系列交易关键问题并未得到解决。在整个数据交易中各个主体间的信任机制尚未建立，数据提供方与数据需求方难以达成有效可靠的交易路径。数据交易价值链未能全面打通，市场主体"不能"交易。

8.1.2 数据交易平台的技术设计

平台的架构设计是激发创新和新产品开发的必要条件（Meyer 和 Lehnerd，1997）。根据具体技术在平台中的运用情景及逻辑，将平台的技术架构分为应用层、开发层和数据层，如图 8-1 所示。

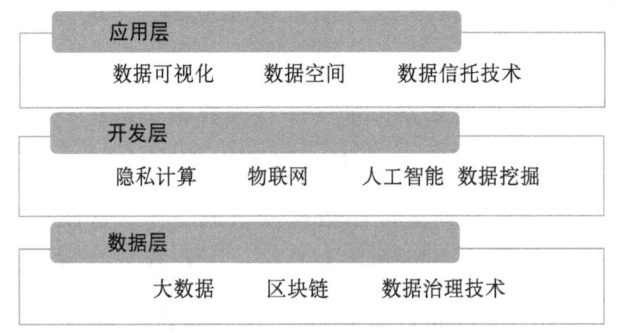

图 8-1 数据交易平台的技术架构

在数据交易平台的技术架构中，数据层的技术是整个平台得以维持的关键，其中，区块链技术是一种基于去中心化的分布式系统，具有分布式账本、智能合约等特点，能帮助数据供应方和需求方实现高效的点对点数据交易，拥有不缓存数据、保护用户隐私的特点（Huang，2019）。区块链技术以一种去中心化的方式来记录交易数据，实现数据资产的快速安全交易，包括深圳数据交易所等各大地区数据交易所都在探索利用区块链解决数据跨区域、跨行业、跨层级使用的难题。开发层是原始数据应用于不同应用场景中的重要环节。其中，隐私计算是一套复杂的技术体系，包含硬件、密码学、分布式机器学习等多种底层技术，隐私计算技术能够在充分保护数据和隐私安全的前提下，实现数据价值的转化和释放。物联网、人工智能以及数据挖掘等技术则用以支撑对数据的二次加工。应用层中数据空间和数据信托是实现数据要素交易场景建设的技术。数据空间是一种面向全对象的分布式多元标签数据存储技术，是一种让数据安全、高效连接的技术体系。基于数据空间的支撑，便捷挖掘数据价值成为可能。数据信托的提出是为了解决数据主体与数据控制者之间不平衡的权力关系，从而在数据流通和交易中确保数据隐私和安全（吴江等，2024）。

数据交易平台与普通的电商平台基本一致，区别仅在于数据交易平台的商品是数据，而电商平台的商品是实物（彭金龙，2022）。为了保证数据交易记录真实性、隐私性和安全性，将数据交易信息和数据定价信息放入区块链网络中。数据交易平台的系统架构主要有四个实体：数据消费者、数据提供者、数据交易平台和区块链网络。如图8-2所示。

数据供应商：数据商品的来源方，也就是数据交易平台上的个人或机构，在数据交易平台上上传数据进行销售。

数据提供者：通过卖出数据来获取收益。

数据消费者：数据的需求者，通过访问数据交易平台，对符合自己需要的数据进行搜索，并在支付费用后获得数据内容，数据商品可以根据使用后的效用价值来评估。

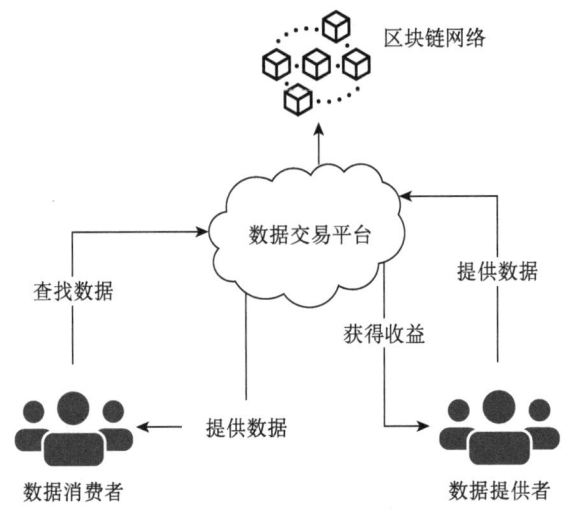

图 8-2 数据交易平台系统结构

数据交易平台：数据交易平台是一个可视化的数据交易功能界面，主要包括上传数据、查找数据、购买支付，所有的操作都是在这个平台上完成的，它可以使数据提供商和消费者完成数据交易。

区块链网络：区块链网络提供包括数据商品概要、数据内容和数据交易记录等信息，用于数据交易平台的数据信息存储。

数据消费者购买数据商品的流程如图 8-3 所示。

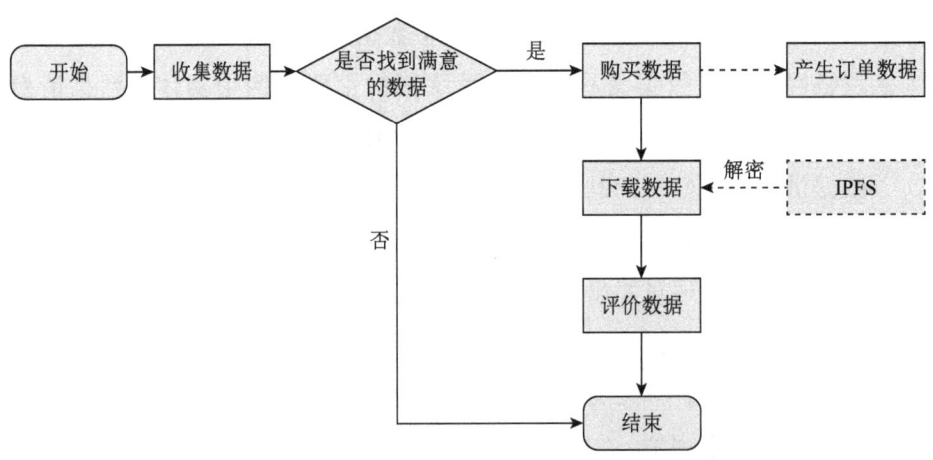

图 8-3 数据商品购买流程

以下将描述整个数据商品的购买流程：

（1）数据消费者通过数据交易平台的检索功能搜索符合自身需求的数据商品。

（2）数据消费者根据数据商品名称、商品简介、价格等信息，从所检索的数据商品集合中自行判断是否需要购买数据，如果没有购买数据过程结束，否则该过程就会进入下一步。

（3）数据消费者通过支付虚拟货币购买数据，区块链网络需要记录虚拟货币流动的信息和新产生的订单信息，即虚拟货币从数据消费者的账户流向数据提供者的账户，同时在数据商品的购买过程中，由于数据商品的交易也产生订单信息，为了记录这些信息，区块链网络需要在已有的区块链上加入存有这些信息的区块，通过共识验证后，运行共识算法。

（4）数据消费者请求下载数据，智能合约根据数据消费者提供的公钥和数据提供者的私钥生成重加密密钥，并根据重加密密钥和数据密文做代理重加密运算生成解密密钥，利用该密钥获取到存储在区块链中的数据的哈希值地址和AES密钥。利用数据的哈希值地址向IPFS网络请求数据密文，使用AES密钥将数据内容解密，最后将明文数据返回给数据消费者。

（5）购买数据商品结束后，数据消费者根据效用情况评价购买的数据商品。智能合约根据评价信息重新调整数据商品的价格。

8.1.3 数据交易平台的运营模式

从定价模式看，一般来说，数据交易平台并不直接对数据产品进行定价，但是其作为数据交易的集中场所与信息中枢，其积累的海量数据交易信息能够丰富定价模型，为数据产品动态定价策略提供支持（黄倩倩等，2022）。国内数据交易平台基本有三类定价模式：直接定价、协议定价和竞拍定价。实际上在大部分数据交易平台的官网上是难以看到具体价格的，除了一些较小型的数据包和简单的程序和数据服务，其他的数据服务都需要数据需求方联系数据供给方，进行沟通协商来定价。

直接定价策略在数据交易平台上体现为数据产品明确标注的固定交易

价格，此价格一旦设定，即成为不可协商的基准，但这种策略允许数据需求方在不同平台间进行同类产品比较，以选择性价比最优的数据产品。按需定价则进一步细化为按次、按时及包月/年三种计费模式。按次计费赋予数据需求方每次数据调用的即时付费义务，仅授予数据使用权，适用于低频次需求场景。按时计费，以小时为单位计量使用费用，同样仅转让使用权，对临时性高需求用户尤为有利。包月/年计费则是一种预付制，用户需预先支付费用以享受固定周期内的数据服务，单价以月为单位计算，适合长期稳定的数据需求业务。

协议定价作为数据交易中的常见形式，强调数据供应方与需求方之间一对一的协商过程，最终价格由双方基于市场条件、数据价值及合作意愿共同确定。在此模式下，数据交易平台扮演中介角色，促成双方就价格条款达成共识，并且允许需求方就价格进行谈判甚至提出异议。这种模式提升了交易的灵活性与成功率，尤其适用于定制化数据服务场景，其中双方对价格拥有较高的自主决定权。

竞拍定价机制则是一种由卖方主导的市场化销售策略，通过提前发布拍卖信息吸引潜在买家关注。拍卖过程中，买家公开竞价，最终成交价由市场供需力量决定，卖方据此向最高出价者提供数据产品并完成交易。这种定价方式适用于难以通过常规方法准确估价的数据产品，能有效利用市场竞争机制来发现数据的真实价值。

目前，几乎所有的交易平台都采用会员制开展数据交易活动（邱玥，2008）。数据交易平台主要有三种交易模式：大数据分析结果交易模式、数据产品交易模式、交易中介模式（庄金鑫，2016）。

大数据分析结果交易模式：在进行数据交易时，并不是对原始数据进行交易，而是根据数据需求方的目标需求，通过各种大数据手段对原始数据进行处理后，形成数据分析结果，再交付给数据需求方。

数据产品交易模式：数据提供方根据需求方的要求在基础产品上进行个性化开发，使产品所提供的功能与需求方所处的特定环境相一致，即为数据定制模式。在这种数据交易平台模式下，数据交易平台与数据供应商和其他数据持有者共同合作，将数据进行专业处理，形成数据产品进行交易。

交易中介模式：平台本身并不存储数据和分析数据，而是作为交易渠道，通过各种数据产品模式为数据供需方提供服务，通过对交易流程的管理，完成数据流通。这一模式完全市场化，可以促进供需方公平交易，形成良好的数据交易市场生态。

8.2 数据资产与金融市场的深度融合

2023年，中央金融工作会议提出"做好科技金融、绿色金融、普惠金融、养老金融、数字金融五篇大文章"，为推进金融高质量发展、加快建设金融强国指明了方向。未来，谁能更好地掌握数据要素，谁就能掌握金融发展的制高点。近年来，我国金融业经历了深刻的变革，逐渐建立起以数据资源为核心、以数字技术为驱动、业态和模式不断创新的发展框架。数据在金融领域的应用变得尤为重要，其不仅是推动金融创新的关键因素，也是提高服务质量和效率的基础。特别是金融业作为对数据敏感度最高的行业，成为最早挖掘和利用这些资源来提升服务层次和水平的先锋。党的十八大以来，我国金融业积极探索与数据资产相融合的道路，形成了两条发展路径。首先，通过数据分析技术对大量的金融交易数据进行深入解读，以此优化信贷审批流程，提高风险管理的准确性和效率。其次，通过数据平台整合各种金融信息资源，构建综合性金融服务生态圈，实现金融服务的个性化和定制化。这两条路径共同促进了我国金融业的数字化转型和智慧化发展，为客户提供更加便捷、高效、安全的金融服务（欧阳日辉，2024）。

8.2.1 金融机构利用数据要素驱动经营管理与业务创新

数据在平台生态系统中被视为企业与开发者之间的关键媒介，影响着企业的持续创新和竞争力（Parker，2017）。从2013年开始，我国金融机构积极探索大数据金融，金融企业服务边界不断扩大。金融机构运用数据要素强化风险管理、提高决策的精确性、促进金融创新和推动行业数字化转型，将数据要素与人工智能等数字技术深度融合，以服务实体经济和提高风控水平。

1. 企业内部管理

企业内部管理方面的价值创造路径，主要属于数据内部使用路径同时也基本上是数据资产间接为企业创造价值的路径。该类数据资产价值创造路径的应用场景主要集中在两个方面。一方面，为企业高层决策提供数据支持以及方案选择。企业各部门各业务所产生的数据经过口径一致性处理并数据聚合后形成企业的数据资产，可以将企业经营层面、管理层面完整地呈现出来，进而为企业高管决策起到支持作用。另一方面，提高企业内部各个部门之间的协同作用，优化业务流程。这类数据资产可以在企业各职能部门之间实现数据共享，加快部门间的交流力度，可以让各部门在第一时间同步处理同一笔业务，缩短业务时间。此外，还可以暴露企业业务上的问题，借此进一步科学地修正并完善业务流程中的冗余部分及弥补漏洞缺陷等，能大大提高企业内部的运行效率。企业内部管理应用场景如图8-4所示。

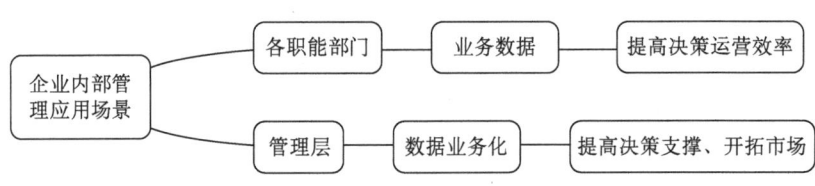

图8-4 企业内部管理应用场景

例如，互联网金融的标杆企业，阿里巴巴旗下的蚂蚁金融服务集团便开发了仅限集团内部使用的管理系统，可以将各个部门的业务信息数据化，根据各个部门的权限实现企业内部的信息交流，大大提高了部门间的协调能力与工作效率。同时，企业内部产生的数据又可以随时为企业高管层的决策提供支持。

2. 金融零售领域

金融零售领域的数据资产价值创造场景主要集中在用大数据分析消费者浏览信息，通过算法进行推理，预判消费者的投资需求、资金需求等方面。目前几大头部互联网金融平台均采用了这种消费大数据分析策略，成功将顾客留下的交易数据转化为一种数据资产，对消费者进行精准的金融产品投送。此外，在金融零售消费领域，近几年随着微视频的崛起，出现了越来越多的主播进行线上推广金融借贷App等现象。目前在微视频领域占据市场份额较大的主要是抖音与快手两大线上微视频平台。互联网金融企业、线上微视频平台与网络主播进行合作，网络主播在视频平台进行线上推广，微视频平台对网络主播粉丝以及相关使用者进行直播推荐。用户在微视频平台上对某一类视频感兴趣或者给某个主播或者作者点过赞，平台便用数据进行分析，每次用户上线都会率先对此类信息进行投送，可以为主播带来更多的人气，销售出去更多的商品。另外，作者发布视频作品，其视频作品本身就是一种数据，可以在作品中植入一些广告或者金融借贷App下载链接，这类推广视频便成为一种可以直接创造价值的数据资产。相关链接可以将视频观看者导入App下载界面，客户可以直接下载并完成注册。以上便是在金融零售消费领域中数据资产价值创造路径的应用场景，随着时代的进步与发展，数据资产在金融零售业的应用场景势必会更加广泛。金融零售消费领域应用场景如图8-5所示。

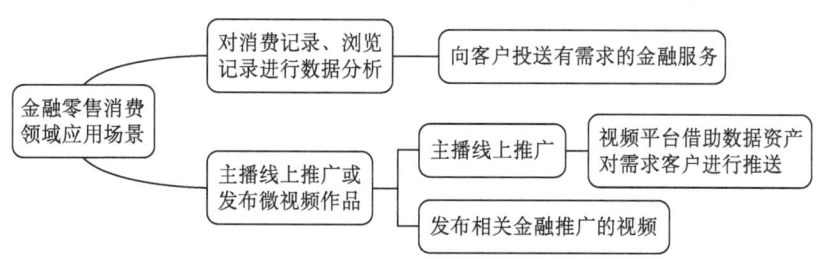

图8-5 金融零售领域应用场景

3. 金融理财课程的在线教育领域

目前,众多互联网金融平台开始运用线上的方式推出免费的线上咨询服务(郑宇琦和张欣瑞,2020),这类咨询服务比较类似于数据库公司,都是从各公开的网站获取财经相关数据,如在政府官方网站、各大交易所中获取,但是不同之处在于金融咨询平台所提供给使用者的数据资讯等一般情况下都是免费的,这类免费数据虽不收费但却是各大财经平台获客的重要路径,使用者在获取数据的过程中往往会收到来自机构线上客服的咨询以及推送机构中投资大V、专业经济学者的VIP课程及书籍的购买链接等。投资机构或者投资大V与财经平台进行合作,将其分析课程全部数据化转变为企业的数据资产,通过大肆售卖线上网课视频的方式积极拓展市场,为企业带来经济利益流入。例如,在国内几乎每个投资者皆知的新浪财经,该互联网财经资讯平台中便有"学投资"这一板块,点击进入后便会来到新浪投资研学中心,里面提供大量的理财课程,其中部分VIP课程需要付费后才能观看学习。金融理财课程线上教育领域应用场景如图8-6所示。

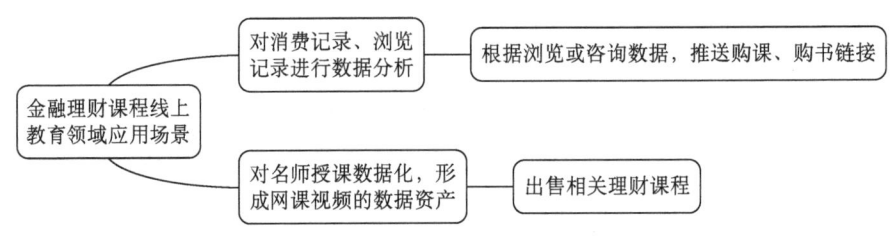

图8-6 金融理财课程线上教育领域应用场景

4. 金融咨询与投顾领域

大资管时代悄然来临,证券公司、基金公司甚至银行、保险公司都纷纷布局金融资产投资咨询业务。其中一部分金融财经咨询是免费提供给客户的,公司通过提供免费的咨询,增加客户流量与黏性。此外,公司还通过数据库中的相关金融产品的数据以及针对客户做的问卷调查等,为客户量身打造投资理财方案,收取一定的服务费用。同时,还向客户推送相关理财产品，如基金，以此获取管理费和盈利分成。另外，这些金融公司还会利用数据资产为客户提供一些需要付费的升级服务，例如，为客户提供大盘的资金流向及相关的合法交易数据等，为客户决策提供更加有力的支持。金融咨询与投顾领域应用场景如图8-7所示。

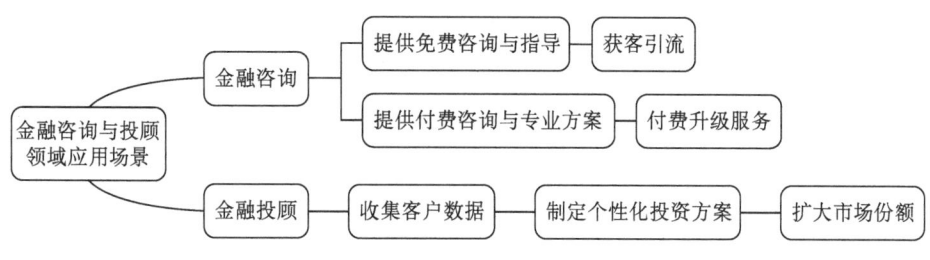

图8-7　金融咨询与投顾领域应用场景

8.2.2　金融机构探索数据资产化

一方面，金融机构健全数据治理体系，构建覆盖全生命周期的数据资产管理体系，从而对自己拥有的数据开展数据治理、数据资产估值、数据资源入表等资产化工作。另一方面，金融机构与相关部门合作，汇聚外部数据资源，探索个人、小微企业基于数据的授信模式和数据资产无抵押融资模式，创新由数据资产衍生的金融产品和服务。数据资产的金融属性特征表现为外部性、增值性和价值波动性（谭睿，2024）。我国金融机构基于数据要素的商品属性和金融属性，积极开展数据要素金融化的探索工作。当前，数据质押融资贷款和无质押数据资产增信贷款已经有了相对较多的探索，数字资产保险、数据信托、数据证券化产品和数据资产作价入股等领域也展开了初步探索。在地方政策的鼓励下，数据要素金融化步伐加快，形成了四种数据资产化与金融化融合的主要模式。

1. 数据资产信贷业务

数据资产信贷是企业将拥有或控制的数据资源，通过登记、核验、评估等流程进行资产化，再把数字资产作为标的物抵押给银行进行融资。当前，数据资产质押贷款有两种较为主流的方式：一种是企业将合法拥有并在知识产权登记系统或存证平台取得的证书作为质押物，获得银行的信用贷款；另一种是企业将数据资产登记后作为质押物，获得银行授信。数据资产无质押增信贷款是指企业在不提供任何物质抵押物的情况下，仅凭借其拥有的数据资产作为增信手段，从而从银行或金融机构获得贷款。这种贷款模式突破了传统贷款业务中必须提供实物资产或权利作为质押的要求，是对金融服务创新的一种探索和实践。在这种贷款模式中，企业的数据资产经过专业的评估和确权，显示出其具有一定的价值和可信度（欧阳日辉，2024）。这些数据资产可能包括但不限于企业的经营数据、客户信息、市场分析报告等。银行或金融机构会根据这些数据资产的价值和风险可控性来决定贷款额度和条件。比如，2016 年 4 月，贵阳银行为贵州东方世纪发放了金额为 100 万元的"数据贷"。2022 年 10 月，北京银行城市副中心分行基于罗克佳华科技集团股份有限公司的数据资产质押，发放了 1 000 万元的数据资产质押融资贷款。随着数据资产贷款业务的发展，用于抵押或质押的数据范围也逐步扩大。比如，2024 年 2 月，南方财经全媒体集团南财金融终端"资讯通"数据资产完成入表，在此基础上，在广州数据交易所落地融资对接服务的支持下，获得了中国工商银行广东自由贸易试验区南沙分行授信的 500 万元。同时，也有商业银行探索无质押数据资产增信贷款模式。比如，2023 年 3 月，深圳微言科技有限责任公司凭借在深圳数据交易所上架的数据交易标的，通过光大银行深圳分行授信审批，成功获得无质押数据资产增信贷款额度 1 000 万元。

数据资产质押融资对于企业尤其是"轻资产、重数据"的科技型和小微企业来说具有重要意义。数据资产质押融资的优势主要体现在：盘活存量资产，保留数据控制权，融资成本可能较低（相比传统的信用贷款），促进数据价值评估。它不仅能帮助这些企业解决融资难题，还能促进数字经济发展，加快新质生产力的形成。同时这也体现了国家在推动数据要素市场化配置方面的努力，有助于释放数据资产的经济价值，构建更加活跃、有序的数据要素市场。

2. 数据信托业务

数据信托是数据资产、信托服务、数字金融深度结合的产物,是金融机构依法依规针对数据主体(政府部门、企业、社会组织等)合法采集、汇总形成的数据设立财产权信托,按照合同约定保管数据并提供相应的托管服务。从实践来看,数据信托的应用场景可分为商业数据信托、慈善数据信托、公共数据信托、混合数据信托和国际数据信托等。比如,中航信托与中国南方电网广西电网公司达成电力数据信托合作,释放电力数据价值。基于共同受托人模式,中航信托对用电企业相关的电量信息、服务信息等数据资产进行信托管理,目的在于发掘并实现数据资产价值,保障数据安全流通,为信托受益人增效创收,并形成可复制的商业模式。同时,中航信托也围绕航空产业链上中下游全链路,挖掘数据价值。通过"航数空间"项目建设,实现航空数据的资产化、智能化、生态化。从效果来看,一是打破了数据孤岛,解决了数据合规共享和数据确权、定价、权益分配问题;二是有效发挥市场化手段和创新机制作用,建立了航空领域数据要素市场化配置体系;三是整合航空产业链数据,提升数据管理运营能力,赋能航空产业发展。目前,中航信托正在基于数据信托,推进服务行业数据的基础设施建设,打造"科技+产业+金融"的数智产业体系,推动数据要素应用,实现数据资产化。

3. 数据银行业务

数据银行是针对目前数据应用与交易中存在的产权模糊等问题,基于银行信托与资金运管理念,对数据进行价值挖掘应用、隐私安全保护及数据产品研发与融通,是数据要素市场化配置的新模式。一方面,数据银行结合了数据的金融属性,通过对数据的收集、存储、确权和治理,实现数据的资产化、证券化、通证化,将数据资源转化为可以流通的数据产品和合规的数据资产。利用区块链技术对各类实物资产、权益与通证锚定,从而实现资产的数字化,并根据应用场景对数据进行产品化封装,如行业咨询报告等。另一方面,数据银行创新推出数据分析产品,并提供多样化的增值服务。比如，数据银行对数据资产进行价值评估，进而提供数据金融服务，包括数据资产融资、商品价格指数编制、数据资产价格指数编制、远期交易等，或者将客户的数据资产进行价值收益评估后，打包成收益类或债券类基金产品进行发售。

4. 数据证券化业务

数据证券化是以数据资产未来产生的现金流为偿付支持，通过结构化设计进行信用增级，形成可出售流通的权利凭证，从而获得融资的过程。通俗地讲，数据证券化就是通过将数据资产转化为可交易的证券产品，实现数据资产的变现和流通。比如，相较于其他数据类型，公共数据具有公共性、权威性与规模性特征，蕴藏巨大价值，是我国数据要素供给体系的重要组成部分，因此，一些地方积极鼓励开展公共数据资产的证券化探索。《上海市数字经济发展"十四五"规划》提出，探索试点公共数据资产凭证，深入挖掘公共数据价值，支持金融机构探索开展数据资产质押融资、担保、保险及数据资产证券化等金融创新服务。《深圳经济特区数字经济产业促进条例》提出，推动探索数据跨境流通、数据资产证券化等交易模式创新，探索开展数据资产质押融资、保险、担保、证券化等金融创新服务。为充分挖掘公共数据"沉睡的价值"，多地公共数据授权运营按下加速键。数据证券化是可以探索的一种实现方式，比如，可试点设计服务地方政府公共数据授权运营的专项债，或者通过公共事业部门的数据资产作担保，在基础设施建设领域发行国有企业债券。2023年7月5日，杭州高新金投控股集团有限公司2023年度第一期杭州高新区（滨江）数据知识产权定向资产支持票据在中国银行间市场交易商协会成功簿记，发行金额1.02亿元，票面利率2.80%，发行期限358天，为全国首单包含数据知识产权的证券化产品。

作为一种新生事物，数据资产的金融产品与服务创新面临着众多挑战（张浩，2024）。一是数据隐私与安全问题的挑战。随着数据资产在金融领域的广泛应用，确保用户隐私和数据的安全性变得更为关键。这要求构建完善的数据保护机制，确保数据的采集、存储、传输及使用过程符合安全性和合规性的要求。二是数据质量与标准化问题的挑战。数据来源的多样性和复杂性致使数据标准化程度低，这不仅影响数据分析的准确性和可靠性，还增加了处理数据的复杂性和成本。因此，金融机构亟须建立统一的数据标准和有效的数据治理机制。三是监管与合规问题的挑战。金融机构在全球数据流通和使用中面对复杂的监管环境，合规成本高昂，违规风险显著。因此，金融机构必须构建全面的合规体系，确保数据资产利用的合法性和合规性。四是技术成本高昂与专业人才短缺问题的挑战。高水平的数据科学、人工智能、区块链等相关技术人才稀缺，市场竞争激烈，这为金融机构的技术创新和人才培养带来了巨大压力。五是数据资产的确权和价值评估问题的挑战。数据资产的确权过程复杂，确权和价值评估缺乏统一的评估标准和方法，限制了数据资产在金融产品和服务中的广泛应用。因此，开发科学合理的评估模型和工具，精确反映数据资产的实际价值，是金融机构需要优先考虑的问题。六是市场接受度和客户信任问题的挑战。由于数据资产金融服务模式相对新颖，市场和客户的认知度、接受度、信任度尚在培育阶段。金融机构需要通过透明的操作流程和严格的安全保护措施，推动数据资产金融服务的广泛接受和应用。数据作为科技、产业与金融之间的桥梁，其资本化过程可加速科技创新与产业升级。金融市场与数据资产的结合，通过建立更科学的评级系统和增值方式，不仅能提升企业的融资渠道，还将大力推动产业技术升级，实现数据资产在金融领域的高效应用，为实体经济转型创造新的增长机遇。

第 9 章

数据资源入表的案例分析

9.1 中国南方电网

9.1.1 案例背景

1. 企业简介

中国南方电网有限责任公司（以下简称"南方电网"）成立于2002年，是国务院国有资产监督管理委员会监管的特大型国有重点骨干企业。南方电网负责投资、建设以及管理南方地区的电网系统，服务范围广泛，涵盖广东、广西、云南、贵州和海南五省区及港澳地区，覆盖面积达100万平方千米，服务人口超过2.7亿人，客户数量逾1.13亿户。在当前数字化转型的趋势中，南方电网将数据视为核心生产资源，致力于推进数据资产管理工作，旨在提高电网智能化程度及企业的运营效率，力图成为数字化转型的典范企业。

2. 南方电网商业模式分析

商业模式是为客户和公司本身服务的，能使公司实现其自身价值，对商业模式进行分析能帮助我们深入了解南方电网。

（1）客户细分。南方电网的服务对象包括承担行政管理、国防保障、国家安全维护以及公共服务职能的企业，还涵盖了工业、农业用户，以及交通运输和建筑领域。大客户群体以电能消耗显著为特点，其核心支柱产业包括水泥生产、军事部门、铁路客运服务、新能源与清洁能源供应商，以及农业科技企业等。这些行业通常对税收有重要贡献，对地方经济增长发挥关键作用，进而推动了用电需求的增长。

（2）价值主张。南方电网秉承"人民电业为人民"的核心价值观，以客户需求为导向，致力于保障企业生产安全及电力供应的稳定；遵守法律法规，服务社会大众；坚守以人为本的理念，实现企业发展与员工成长的同步提升；积极参与社会公益活动，旨在打造负责任且和谐的南网社区。

（3）渠道通路。南方电网的营销策略主要涉及在当地电视台播放广告、在公交站台和营运车辆上张贴海报，以及向客户发送宣传短信等。此外，还在科技馆和商业大厅等地设立宣传展板来普及电力知识。在销售渠道方面，除传统的供电公司和营销经理外，近年来还增加了通过微信、支付宝等平台进行充值的新方式。

（4）客户关系。南方电网对大顾客或者政府行政机构通常是面签，有专门人员进行沟通对接，为他们提供专门服务。对于其他客户都是采取半自助和自动服务。例如，办理业务的营业厅，微信、支付宝等自助支付平台。

（5）关键业务。南方电网的关键业务是电力资源的输配售，包括输电、配电、调度、变电、物流供应、电能量计量服务、市场营销、客户服务等，以及包括为这些业务提供信息化支撑的调度及变配电自动化业务、信息数据化软件平台、电力通信业务等。

（6）核心资源。南方电网拥有强大的有形资源，包括电力能源、电网及其附属设施、变电站以及办公场所和营业场所。而在无形资源方面，基础设施技术改造、科技项目、行业标准制定和技术专利等起到了关键作用。此外,南方电网还积累了多年的运营数据、技术经验和客户资料,这些都是它的"无形"资源。

(7) 重要伙伴。南方电网的重要合作伙伴主要来自技术支持和营销方面。比如,电力设备和电力周边设备的设计制造商、通信设备和自动化设备制造商、通信运营商,车辆维护公司,政府和媒体等。

(8) 收入来源。南方电网的主要收入来源是售电收入,约占70%,电网辅助、电力工程施工安装收入、电力服务等收入占25%,行纪交易代理服务收入约占5%。

(9) 成本结构。南方电网的成本主要分为三大类,一是由政策确定的成本,如购电成本、人工成本等;二是投资建设期间的成本,如折旧费;三是营运期间的成本,如办公费、差旅费、业务招待费等。

9.1.2 南方电网数据资产情况

1. 南方电网数据资产发展之路

通过对南方电网这几年数据资产发展情况总结分析可知(如表9-1所示),从2019年至今,南方电网发布了许多有关数据资产管理的试行文件与工作指引,并持续地在数字产业建设中进行了深度布局。南方电网在2019年为了应对数字化转型制定了《数字化转型和数字电网建设行动方案》,开始部署数字化工作,并在同年建立了世界上第一家数字电网研究院。2021年2月,南方电网颁布了能源行业内首个数据资产定价试行办法,该办法中南方电网使用多维定价方法,将成本和市场考虑在内,在数据价值评估标准上作出了巨大贡献,解决了电力数据资产交易过程中的定价难题,为类似的能源企业在数据资产管理上提供了可借鉴的经验,并积极推进行业数据资产的发展。2023年3月,南方电网发布了《南方电网电力数据应用实践白皮书》,提出一套具有企业特色的电力数据应用体系。截至2023年,南方电网已经初步构建了一套比较完善的数据资产管理体系,并积极探索电网数据资产的价值创造模式与场景。此外,南方电网为了确保数字电网项目的发展,成立了基础数据需求管理、数据分析应用支持、运营监控管理、数据安全管理和应急响应保障五个部门。

表 9−1　　　　　　　　　南方电网数据资产发展历史

时间	事件
2019 年 5 月	制定《数字化转型和数字电网建设行动方案》，构建四大核心业务平台和数字化基础设施
2019 年 7 月	建立了世界上第一家数字电网研究院
2019 年 12 月	发布《数据开放共享指导意见》，支撑企业经营管理、生产运营、科研和社会服务
2020 年 10 月	成立数字电网标准化工作组，是我国数字电力行业第一个标准化组织
2020 年 11 月	发布《数字电网白皮书》，介绍数字化进程和企业大数据情况
2021 年 2 月	发布《中国南方电网有限责任公司数据资产定价方法》，对数据资产定义，并对其会计处理、交易方式进行介绍
2022 年 1 月	公布首张公共数据资产凭证，以数据资产凭证作为数据流通载体
2023 年 3 月	发布《南方电网电力数据应用实践白皮书》，以电力数据应用价值链为核心，提出一套具有企业特色的电力数据应用体系

2. 南方电网数据资产特点

电力行业在我国属于国家能源战略性行业，南方电网作为我国重点供电企业之一，其数据资产具有以下显著特征：

（1）主体数量相对有限。电网企业的数据资产为其专有资源，主要由其自主管理。鉴于电力行业在国民经济中的支柱地位以及高度集中的生产与运营模式，外部企业难以触及相关电力数据。加之严格的监控与保护机制，确保了信息流通的可控性，从而形成了数据来源主体的局限性，进一步加剧了数据的稀缺性。

（2）价值性较高。南方电网数据资产的价值可以分为对自身的价值和对社会的价值，从南方电网自身角度来看，鉴于南方电网直接从电力终端收集电力数据，公司的数据被视为关键资源，具备市场吸引力。一旦市场展现购买意愿，企业便能通过数据变现，进而产生增值效应。从更广泛的社会视角来看，电网企业通过各种渠道搜集并处理的数据涵盖了不同电网企业、政府部门及居民用户。鉴于电网企业实际上代表了全社会的数据集，其数据对于整个社会同样具有价值，理应在一定程度上服务于公众需求，同时也是电力公司履行社会责任的一个重要标志。

（3）可行度高。目前南方电网的电力数据采集系统自动化程度高，数据采集点多，采集速度快，数据质量好，信息密度高，能真实地反映企业和社会的发展状况和发展趋势，具有很高的真实性和可靠性。

3. 南方电网数据资产分类

南方电网的数据资源按照使用对象可以分为电网企业用数据、政府用数据、用户（企业及个人）用数据。具体如下：

（1）电网企业用数据主要是以公司内部的原始数据为基础，通过对企业数据进行系统的处理和分析，对企业的经营活动进行诊断、优化和预测，从而为企业提供必要的数据产品和服务。比如，利用公司数据资源，合理调配区域能源以及电网城市的分布情况，以及通过整合外部气象数据信息搭建气象预警体系等。

（2）政府用数据主要服务于政府，为政府监测企业是否有违规行为，比如，对"散乱污"企业的准确识别和治理，对小型排污企业和污水处理厂的用电状况进行监测等，同时，也可以充分发挥政府数据的颗粒度精细、实时性高、行业分类规范等显著特点，对乡村振兴和复工复产等方面进行深度的分析和研究。

（3）用户用数据是服务于企业和个人的数据，可以通过分析企业和个人的日常用电习惯和用电量，为企业和个人提供用电分析，包含预测本月及下月用电量，以及分析目前用电量在该省的排名情况，从而警醒企业和个人，达到节能降碳效果。

9.1.3 南方电网的数据资产全生命周期管理体系

南方电网利用国际先进的数据管理能力成熟度评估模型，结合自身业务实际，构建了数据资产管理框架。该框架明确了数据资产管理的两条主线:"责、权、利"和"量、本、利",为数据资产全生命周期的管理工作提供了系统化的指导。

一方面,通过"责、权、利"主线,将数据资产管理与责任、权利和利益相结合,提升数据资产管理的效率。另一方面,以"量、本、利"为主线,研究数据要素的扩展、成本和盈利方法,为数据资产的交易和流通提供了基础保障,吸引了广泛的利益相关方参与,促进了数据要素价值的沉淀和释放。

在定责方面,南方电网明确了数据管理的责任范围,随着数据价值内涵和特征的变化,数据管理的对象和业务过程得到了扩展。公司从数据、产品、客户服务三个方面实现了定责和认责的管理机制。

在享利方面,南方电网确立了参与各方贡献分配的标准,包括价值成效、影响力、复用度和创新性。

在拓量方面,南方电网采取内部和外部双向协同拓展的策略,内部实现数据的全面采集和整合,外部则吸纳融合产业生态数据。同时,通过内部赋能和外部创新,开发数据应用和产品,构建数据产品体系,实现数据生态的开放、有序竞争、分工协作、互补共赢。此外,南方电网还建立了对外服务的运营管理体系,开展多种运营活动,整合线上线下客户资源,拓宽业务渠道。

在优本方面,南方电网针对数据资产定价难题,提出了市场导向、成本与效率兼顾、分阶段定价的策略。同时,创新性地建立了数据资产入表的管理机制,明确了数据资产入表的确认规则和标准,制定了管控策略和关键管控点。此外,根据数据产品的特点,发布了行业首个电力数据定价方法,面向银行和其他社会类数据产品进行定价,引起了广泛关注。

在创利方面,南方电网有效对接国家政策和法律法规,整合电力能源产业价值链的数据要素与价值,通过交易流通等模式,为政务、金融、制造等行业提供智慧能源数据服务,构建了"共创、共建、共享"的生态体系。

9.2 阿里巴巴

9.2.1 数据资产的确认

数据资产是能够为企业产生价值的数据资源，由企业拥有或控制，以物理或电子方式记录，如文件资料、电子数据等。阿里巴巴付出劳动、资本、人力等投入，在企业内部经营活动中获得了由阿里巴巴所控制，预期会给企业带来经济利益的数据资源，如与广告服务相结合，构建用户画像实现精准营销，提高从流量到订单的成交率；与数字支付服务相结合，拓展金融业务板块，扩大电商生态系统；与物流服务相结合优化配送路径，提高配送效率。除此之外，阿里巴巴通过高价并购方式获得了饿了么本地用户行为数据网络，与本地服务相结合，拓展本地服务市场份额，推进新零售战略。综上所述，阿里巴巴的数据资产满足《数据资产管理实践白皮书》中关于数据资产的定义，应当确认为一项资产。

阿里巴巴的零售业务流程大致可分为以下四个阶段：

（1）浏览阶段：用户登录网站或者下载 App，登记用户基本信息，注册唯一账号。如果用户没有明确需求，则淘宝会根据大众喜好向你推荐商品；如果用户有明确要购买的商品，则在搜索栏搜索关键词进行购物。用户进行关键词搜索时，各商家可通过阿里的线上竞价系统，对关键词单价进行出价，以争取使其商品或服务出现在与该关键词匹配的用户搜索页面上，提高商品成交率。用户点进商品详情页界面，会出现短视频和图文形式的商品介绍，以及已购买者的真实评价，用户可自由选择是否购买；与此同时，店铺商家也会向用户推荐与购买物互补的商品，促进同一店铺中互补物的消费。

（2）支付阶段：用户确定需要购买时，点击"立即付款"，选择使用支付宝、余额宝或者花呗进行付款，并填写收件人姓名、住址、电话，以便进行物流派送。

（3）配送阶段：第三方支付平台收到用户付款通知时，淘宝即向商家提示商品交易信息；商家验证无误后予以发货，物流配送平台通过算法、大数据等计算出一条最短路径，并通过并购饿了么的方式完善"最后一公里"配送服务；用户收到货物后，如满意，即可点击"确认收货"，第三方交易平台扣除手续费后将余额支付给商家；如不满意，可与商家协商退货，退货成功后，第三方交易平台会将商品价款返还至用户原支付账户。

（4）交易完成。根据阿里巴巴实际运营情况分析，数据资源可划分为以下两种来源：一种是在企业内部经营活动中产生。例如，淘宝用户的浏览商品记录、支付宝的消费购买数据、菜鸟驿站用户的手机号、地址等数据。另一种是在企业并购过程中产生。例如，阿里巴巴在并购饿了么的过程中取得的本地用户行为数据网络。阿里巴巴数据资源的具体类别如表9-2所示。

表9-2　　　　　　　　**阿里巴巴数据资产的具体类别**

数据资产的来源	数据资产的具体类别	
在企业内部经营活动中产生	浏览阶段	用户的浏览商品记录 用户的每日浏览时长 用户的点击量 ……
	支付阶段	用户第三方支付工具的选择 用户花呗分期期数的选择 ……
	配送阶段	用户的具体地址 用户的手机号 ……
在企业并购过程中产生	在并购饿了么的过程中取得的本地用户行为数据网络	

在上述整个业务流程中,阿里巴巴在零售业务中获得的大量用户浏览数据、店铺停留时间、支付信息、用户地址信息等数据以及在并购活动中取得的被并购方行为数据网络,借助阿里云基础设施进行再利用,挖掘二次价值。

(1) 在用户浏览阶段,根据各个店铺访问次数、用户页面停留时间等数据分析出用户"可能喜欢",实现精准营销,提高从流量到订单的转化率,降低企业的运营成本。

(2) 在用户支付阶段,以支付宝为桥梁,不仅成立了阿里巴巴金融科技公司,而且阿里巴巴提供的广阔应用场景和巨额消费规模为非合并关联方蚂蚁集团的数字支付和数字金融服务奠定了坚实的业务基础,形成协同效应优势。

(3) 在物流配送阶段,依托阿里云强大的算法和算力优化配送路径,提高配送效率;同时,凭借中国领先的即时配送及本地生活服务平台饿了么的加入,其商业平台技术、专有技术和基础设施为口碑平台上的本地服务商家提供数字化运营方案,利用零售环节庞大的用户基础,进一步渗透本地生活服务市场。并且饿了么的即时配送网络与阿里巴巴数字经济体高度协同,给新零售业务(包括盒马配送服务)提供"最后一公里"助力,推进阿里巴巴在本地生活领域提供无缝的线上和线下用户体验的新零售战略。

9.2.2 数据资产的初始计量

不同来源的数据资产采用不同的初始计量方法:

(1) 企业内部经营活动中产生的数据资产。采用历史成本法计量,在数据收集、整理、筛选等初始阶段所发生的各项成本支出应当费用化,计入"管理费用";将数据在收集、整理、分析、挖掘、应用等阶段的人力、设备、技术等成本作为其入账成本。

(2) 企业并购过程中产生的数据资产。由于不存在活跃的数据交易市场,无法直接获取公允价值,应从企业整体出发,采用收益现值法合理估计其未来收益，从而确认其入账价值。在企业并购过程中，第三方独立评估机构应当将溢价部分合理拆分为商誉与数据资产，科学评估商誉价值，合并方根据并购成本和商誉评估价值之间的差额倒推出数据资产的入账价值进行记账。

9.2.3 数据资产的后续计量

1. 摊销

在后续计量中，互联网行业发展迅速导致数据资产的时效性较强，为保证会计信息的相关性，数据资产使用寿命的确定不宜过长。学术界普遍认为对于使用寿命有限的数据资产，可考虑采用加速折旧法在 5 年内摊销完毕。借记"管理费用"等科目，贷记"数据资产累计摊销"科目。

2. 减值

由于数据资产价值波动较大，所以无论是否存在减值迹象，企业至少应当于每年年末，对数据资产进行减值测试。对于经测试发生减值的数据资产，借记"资产减值损失"科目，贷记"数据资产减值准备"科目。

3. 公允价值变动

阿里巴巴选择高价并购饿了么的目的并不是单纯地追求财务回报，而是专注于其数字经济体的强化，实现与新零售战略的协同效应，追求长期战略价值。因此，该类数据资产的使用寿命应当比在内部经营活动中产生的数据资产要长，但最长不得超过 20 年。预期收益可以定义为利润的增加、销售收入的提高或者运营成本的降低。折现率可以选择企业当前加权平均资本成本或者运用可比企业分析法估计该数据资产的折现率。由于阿里巴巴管理数据资产的业务模式主要是为了内部经营管理而持有数据，因此，其数据资产期末公允价值变动应计入其他综合收益，待终止确认时转入当期损益。期末会计处理如下：当账面价值上升时，借记"数据资产——公允价值变动"科目，贷记"其他综合收益"科目；当账面价值下降时，借记"其他综合收益"科目，贷记"数据资产——公允价值变动"

科目。

4. 处置

当数据资产因泄露、转让、毁损等原因无法给企业带来经济利益时，企业应当及时转销数据资产相关账户余额，并将所得价款和数据资产的账面价值差额计入营业外收支，并将数据资产因公允价值变动计入其他综合收益的金额转入当期营业外收支。

综上所述，阿里巴巴数据资产的初始计量、后续计量以及终止计量如表 9-3 所示。

表 9-3　阿里巴巴数据资产的初始计量、后续计量以及终止计量

类型	初始计量	后续计量	终止计量
在企业内部经营活动中产生	将该类数据资产在收集、整理、运用阶段的人力、设备、技术等成本作为其入账成本。借记"数据资产"，贷记"应付职工薪酬""银行存款"等	5年内采用加速折旧法摊销完毕。借记"管理费用"等，贷记"数据资产累计摊销" 至少每期期末进行减值测试。经测试发生减值的数据资产，借记"资产减值损失"，贷记"数据资产减值准备"	借记"银行存款""数据资产累计摊销""数据资产减值准备"等，贷记"数据资产"，借记或者贷记"数据资产——公允价值变动"，将所得价款和数据资产的账面价值差额借记"营业外支出"或贷记"营业外收入"，并将数据资产在持有期间因公允价值变动产生的"其他综合收益"转入"营业外支出"或者"营业外收入"
在企业并购过程中产生	合并方根据并购成本和商誉评估价之间的差额倒推出该类数据资产的入账价值。借记"数据资产"，贷记"主营业务收入""银行存款"等	从整体出发，采取收益现值法评估数据资产的账面价值。期末，当账面价值上升时，借记"数据资产——公允价值变动"科目，贷记"其他综合收益"科目；当账面价值下降时，借记"其他综合收益"科目，贷记"数据资产——公允价值变动"科目	

9.2.4 数据资产的披露

1. 表内披露

在资产负债表中"非流动资产"项目下增设"数据资产"项目,并增设"数据资产累计摊销"和"数据资产减值准备"备抵项目。

2. 表外披露

编制"阿里巴巴数据资产表外披露框架",涵盖用户、产品、渠道和财务四大维度的关键指标,如用户规模、用户质量、产品规模、产品数据投入及收益等。

采用"第四张报表"形式,以非财务数据为核心,提供全面的价值评估和管理洞见。

9.3 中国移动

9.3.1 公司简介

中国移动是全球领先的通信及信息服务企业,致力于为个人、家庭、政企、新兴市场提供全方位的通信及信息服务,是我国信息通信产业发展壮大的科技引领者和创新推动者。多年来,中国移动持续推进信息技术突破与应用,推动我国信息通信产业实现了"2G 跟随、3G 突破、4G 同步、5G 引领"的跨越式发展,建成了惠及全球 1/5 人口的高速、移动、安全、泛在信息基础设施。

2024 年 8 月 8 日,中国移动发布了 2024 年半年报,从财报的数据资源科目中可以发现,中国移动已完成了数据资产入表,其中数据资源入表金额为 7 000 万元。中国移动是目前 A 股排名数一数二的上市公司,拥有超2万亿元市值,是至今完成数据资产入表的公司里市值最高的公司,也是公开在财报中披露数据资产入表的首家央企。

9.3.2 披露信息

中国移动作为2024年全球五百强营收第一的电信运营商,对于数据资产入表的看法和行动路径无疑具有巨大的示范作用。报告显示,2024年上半年,中国移动营收5 467亿元,同比增长3.0%,其中,通信服务收入4 636亿元,同比增长2.5%。"第二曲线"数字化转型收入1 471亿元,同比增长11%,占通信服务收入比达到31.7%,较上年同期提升2.4个百分点。在核心三大表之一,合并资产负债表里,可以发现在非流动资产中,赫然标出了两部分涉及数据资源的科目。包括无形资产和开发支出,分别是2 900万元和4 100万元。如表9-4所示。

表9-4　　　　中国移动2024年半年报合并资产负债表部分　　　　单位:百万元

资产	附注	2024年6月30日	2023年12月31日
无形资产	四(17)	46 622	47 597
其中:数据资源		29	—
开发支出	四(17)	2 319	2 279
其中:数据资源		41	—

从财报披露数据看,"大数据业务领域,依托梧桐大数据平台,沉淀数据资源超2 000PB,数据治理水平达到国内最高等级(DCMM五级),数据年调用量达千亿次,在数据治理、应急管理、智慧文旅等多个行业广泛应用。"

中国移动在第一季度报告中并没有披露数据资源的金额,但是在半年报中,数据资源科目一共有7 000万元,其中无形资产2 900万元,开发支出4 100万元。

在半年报中,中国移动对无形资产——数据资源的预计使用寿命估算为2—5年。

据统计,中国移动在上海数据交易所、北京国际大数据交易所、贵阳大数据交易所都进行了数据产品挂牌，挂牌数据产品合计 292 个，其中在贵阳大数据交易所挂牌 270 个数据产品。

9.3.3 财报数据资源相关细节

半年报指出："无形资产主要包括土地使用权、软件、著作权、数据资源及电信服务频谱等，以成本计量。对于使用寿命有限的无形资产，本集团将无形资产的成本扣除减值准备（如有）后按直线法在预计使用年限或受益期内摊销，除非该无形资产符合持有待售的条件。对使用寿命有限的无形资产的预计使用寿命及摊销方法至少每年进行复核。"

在无形资产科目明细中，数据资源的科目是上半年购置的外部数据资源，金额为 3 000 万元，其中累计摊销 100 万元，当前的账面余额为 2 900 万元。

在开发支出科目明细中，数据资源的科目本期增加 4 100 万元。

从半年报可以看出，上半年研发支出一共为 140.01 亿元，其中资本化研发支出为 20.3 亿元，费用化研发支出为 119.71 亿元。半年报指出："2024 年 6 月 30 日，集团费用化研发支出中包含与数据资源相关的研发支出约人民币 1.21 亿元。"

中国移动作为掌握巨大数据量的电信运营商，是典型数据资源型企业，对照整体万亿市值来说，此次数据资产入表 7 000 万元虽不算多，但这一举动是中国移动在数据要素领域一个新的跨步，对业界有非常强的参考意义。

9.4 山东高速集团

自 2020 年国务院国资委印发《关于加快推进国有企业数字化转型工作的通知》后，山东高速集团全面落实数字化转型工作，聚焦主责主业和数字经济发展大势，大力推进数字化转型工作，以信息化为手段不断提高企业治理的数字化、网络化、智能化水平。集团明确了四大核心框架：基础设施架构、应用架构、数据架构和信息化管控架构，支持中长期数字化转型。基础设施架构是加强信息化基础设施资源整合，实现计算、存储、网络、安全等信息化基础设施的融合管理；应用架构是围绕集团"人、财、物、事"等经营管控核心要素，构建"横到边，纵到底"的信息化应用体系；数据架构是形成集团统一的数据整体架构，提升数据治理能力和数据安全管理水平，激发数据价值，赋能业务发展；信息化管控架构是明确集团公司统筹规划的管控模式，全力保障数字化转型各项任务落实落地。当前，山东高速集团基础设施架构已具备扎实的技术底座，为首批数据资源入表奠定了较好基础。

山东高速集团成功完成首批数据资产入账入表工作，数据资产入账价值达 351 万元，评估价值逾 7 200 万元，成为我国高速公路运营企业中首批数据资产入账入表的实践案例之一，也是山东省属企业迄今为止规模最大的一批数据资产入表。

9.4.1 探索"数据+"盈利模式

山东高速集团首批实现入表的数据资产，包含财务共享中心的财务智能分析平台、高速股份的路网车流量、通汇资本的对公数字支付科技平台数据监测产品三大数据应用场景。

坤信国际资产评估集团有限公司（以下简称"坤信国际"）牵头组建了数据资产价值链服务团队，在对山东高速集团开展多次调研后，对其数据资源进行收集，经过清洗加工、合规确权、质量评价、成本归集和分摊及资产登记等环节，最终完成数据资产评估及入表工作。

坤信国际表示，绝大多数企业在生产经营过程中，都会产生大量的数据，变企业的数据资源为数据资产，其实就是深度挖潜盘活企业生产经营中沉淀的大量数据资源，依附于特定应用场景，评估其资产价值，实现对企业的赋能。这就是数据资产入表能够带来的经济价值，不仅有利于企业财务管理能力提升，还能赋能企业自身业务发展。

以此次山东高速集团首批入表的数据资产为例，财务智能分析平台数据资源涵盖对整个山东高速集团的债务链分析、客商风险管理及行业对标等多个方面的数据资源。通过知识图谱、路径搜索、机器学习模型等技术手段，该系统可揭示集团生态圈内企业的债权债务关系。这些债务关系或者成环或者成链，以此数据资源为应用场景，通过梳理和重新确认，可以大大降低构成债务关系的几家企业之间的资金成本。通过将其带来的成本节约进行折现评估，就形成了基于这一应用场景的数据资产。

从赋能企业自身业务发展角度出发，此次山东高速集团的数据资产入表工作还具备交通行业的特性。以山东高速集团旗下上市公司山东高速股份有限公司路网车流量数据为例，通过深度挖掘山东高速股份有限公司收费流水中的车辆信息，可以为高效运营决策、拥堵预警、精准养护以及服务区产品营销等工作提供数据支撑。此外还可帮助驾驶员提前了解道路情况，选择最佳的出行路线及时间，提升出行效率。

山东高速集团表示，以此次数据资产入账入表实践为基础，集团将围绕"深入推动数据资产化、价值化，探索更多'数据+'盈利模式"的战略目标，继续深化数据资产管理潜力，积极拓展数据资产的创新应用场景，不断提升数据资产经济效益和社会效益，助力集团和行业的数字化转型。

9.4.2 构建评估服务生态链

数据资产评估业务作为新业务，存在较多特殊性。评估时，在诸如评估对象界定、收益能力分析、评估方法选择应用、重要评估参数确定、核查验证落实等方面，都可能存在不同程度的困难。数据资产的评估工作非常复杂且专业，山东高速集团实现数据资产入表的案例表明，通过严格的清洗加工、合规确权、质量评价等流程，可以解决数据范围认定和数据治理的问题。现阶段数据资产入表和评估工作离不开资产评估机构、会计师事务所、律师事务所、数据公司等专业机构的辅导。山东省在这方面的实践工作启动较早，包括坤信国际在内的评估机构也在实践中持续积累了相关技术知识、手段和经验。

9.4.3 深入挖掘创新应用场景

山东高速集团作为高速公路运营企业,拥有海量的数据资源,主要包含收费数据、监测、运营三大类数据。公司提供的数据显示,截至目前,山东高速集团数据记录数已达 380 亿条,具有规模大、多样性、数据价值高等特点。

首先,山东高速集团已对车流量数据进行分类分级。"根据数据的敏感程度及数据泄露后对公司造成的影响程度,将数据等级由低到高划分为 1—4 级。车流量数据目前划分在第 2 级。"山东高速集团计划财务部部长陈芳介绍,该等级数据公司内部人员可直接访问使用,外部单位经过申请、授权后可实现该数据的"合规流动、安全共享"。

其次,山东高速集团一直高度重视数据基础设施工作,开展了一系列大数据相关研究,建设运营大数据一体化管理服务平台,制定了"采、存、治、管、算、规、服、安"全过程、全周期的数据管理流程和制度。平台统一公司 21 个自建业务系统,整理完成基础数据 24 109 条,建设智能数据服务 284 项,日均服务调用 5.2 万次。

最后,开展数据分析与挖掘,丰富数据应用场景,建立数据资产运营生态。截至目前,山东高速集团基于数据开发、机器学习、数据融合算法,建立了在途车辆类、车辆速度及位置类、车辆轨迹类、节假日数据融合类、门架流量及通行费类、收费站流量及通行费类等共计 280 余项基础数据服务。

9.5 存货与无形资产辨析

9.5.1 公司简介

甲公司所处的行业为人工智能基础数据服务行业。甲公司在数据资源的生产与服务领域投入了大量的精力，并致力于打造数据多模态采集、自动处理、质量检测、数据评测的全链条核心技术体系与业务。其业务范围广泛，主要覆盖了智能语音、自动驾驶、生物认证、智能安防、智能家居、智能娱乐、智慧城市、智能制造、智能医疗等多个领域。甲公司的核心产品是为客户定制数据，其业务流程是根据客户的具体需求执行数据采集、标注、质检等一系列操作，从而形成一套完整的数据。并且在将数据交付给客户且验收合格之后的1—3个月内，甲公司会完成数据的销毁操作或者交付所有的平台资料，在此过程中，甲公司不会保留数据的所有权以及使用权。

9.5.2 相关成本支出及核算方法

1. 成本支出详细内容

人员薪酬：资产中心的工作人员在数字资源的开发、制作和管理过程中付出了劳动，他们的薪酬是成本的重要组成部分。

设备折旧：用于数字资源开发和管理的设备在使用过程中会产生折旧费用，这也是成本的一部分。

差旅费：在数字资源开发过程中，可能会涉及出差等情况，从而产生差旅费。

外购素材费：为了丰富数字资源库，可能会购买一些外部的素材，这会产生相应的费用。

软件、算力等基础服务费：数字资源的开发和管理需要借助一些软件和算力资源，这些基础服务会产生费用。

数据采集、标注、质检服务费：这是在数据处理过程中产生的直接费用，是为了确保数据的质量和完整性。

项目经理和助理的职工薪酬：这些人员在整个数据项目中发挥着关键作用，他们的薪酬也是成本的重要组成部分。

房屋工位、水电费：为数据处理提供工作场所和必要的能源支持所产生的费用。

差旅费等其他费用：包括在数据采集过程中可能产生的差旅费用以及其他杂项费用。

2. 成本的归集、分摊和结转方式

对于数据采集、标注、质检服务费，按照项目编号进行归集，确保每个项目的费用能够清晰地划分。

项目经理和助理的人工成本，通过项目经理每月填报工时的方式，按照工时对人工成本进行分摊，保证成本能够合理地分配到各个项目中。

房屋工位、水电费，以人均工位费为标准，按照工时进行分摊，这样可以更准确地反映每个项目所消耗的资源成本。

差旅费等其他费用，在报销时列示项目编号，按照项目编号进行归集，保证费用的准确性和可追溯性。

待所有子项目完成后，对于各项成本，按照个别计价法结转营业成本。在核算过程中，通过在产品、库存商品进行核算，期末在存货项目列报，从而清晰地反映数据产品在财务报表中的位置。

9.5.3 数据资源的确认依据

1. 确认为资产

根据《企业会计准则——基本准则》的规定，资产是指企业过去的交易或者事项形成的、由企业拥有或者控制的、预期会给企业带来经济利益的资源。甲公司的数据产品符合资产的定义，首先它是在公司的业务活动中形成的，是过去的交易或事项的结果。其次，虽然数据通常具有一些特殊的性质，如不具有排他性、复制成本低等，这些特性使得判断企业是否能够永久地、排他地从中获取经济利益存在一定困难。但是，甲公司的数据产品是经过加工处理后可计量的、具有社会经济价值的数据集，并且享有占有、使用、收益和依法处分的权利，即"数据产品的所有权"，这使得它能够作为资产进行入账处理。

同时，参考《企业会计准则第 14 号——收入》中对于控制权的定义，甲公司能够主导数据产品的使用并从中获得几乎全部的经济利益，也有能力阻止其他方主导这些数据产品的使用并从中获得经济利益。具体而言，甲公司有权决定数据资源的使用、管理、处理、维护和分配，具备管理和维护数据资源的技术能力，负责数据资源的收集、存储、处理和传输等日常管理和运营工作，承担相关风险且可获得相关收益。

甲公司的数字资源属于在过去的生产与开发过程中形成的，由甲公司拥有或控制，作为为客户提供服务的必备资源，它能够为甲公司带来经济利益。同时，根据甲公司管理系统中对相关数字资源生产过程的记录，均有相应的人工工时记录，这表明数字资源的相关成本能够可靠地计量，因此，甲公司认为其自主开发的数字资源能够满足基本准则中关于资产的定义。

2. 确认为存货

甲公司的定制产品是根据客户的需求执行的定制化数据服务，这种定制化的特点决定了产品完成后是直接用于销售的，并且甲公司不保留所有权。从客户取得数据资源的使用情况来看，甲公司将数据资产销售给客户后，客户依据合同取得了相关数据的自主管控权力，可在合同约定范围内自主使用相关数据进行后续加工，无须在甲公司的主导下进行使用。也就是说，甲公司销售的是定制数据集本身，而不是利用数据资源为客户提供服务，因此，甲公司将定制数据产品作为存货核算，尚未完工的产品通过在产品核算，产成品通过库存商品核算。

3. 确认为无形资产

甲公司自主开发的数字资源是某一单一的元素，这些元素在后续的业务过程中，甲公司会根据客户需求将它们进行组合，用于制作电影、剧集、广告、直播、短剧等各类虚拟场景。此类自主开发的数字资源实际是甲公司持有的用以向客户提供产品或服务的数据资源库，并不是直接用于销售的，不属于企业日常活动中持有、最终目的用于直接出售的资产，因此不符合"存货"的定义，而更符合"无形资产"的定义。

9.5.4 结论及主要观点

1. 会计准则相关定义回顾

根据《企业会计准则第 2 号——存货》的规定，存货是指企业在日常活动中持有以备出售的产成品或商品、处在生产过程中的在产品、在生产过程或提供劳务过程中耗用的材料和物料等。而根据《企业会计准则第 6 号——无形资产》的规定，无形资产是指企业拥有或者控制的没有实物形态的可辨认非货币性资产。无论是存货还是无形资产，除要满足各自的定义之外，还需要满足相关的经济利益很可能流入企业，以及成本能够可靠计量两个条件。

2. 判断数据资源分类的关键因素

在满足资产定义的前提下，判断一项数据资源是"存货"还是"无形资产"，关键在于区分该数据资源是一项"产品"还是一项"生产工具"。这里所提到的"产品"是指该数据资源是企业持有并用于直接对外出售的一项日常活动的产出，而"生产工具"则是指企业利用该数据资源，为客户提供服务，或者用以生产其他"产品"。

3. 案例总结及分析

甲公司的定制数据产品是用于直接对外销售的，甲公司并不是利用该数据资源为客户提供服务或生产其他产品，定制数据产品本身即"产品"，因此符合存货的定义。而自主开发的数字元素并不是用于直接销售的，而是一项"生产工具"，甲公司利用此类数字元素，进行重新组合，用于制作各类虚拟场景，向客户交付的"产品"是各类虚拟场景，而不是各单项数字元素本身，因此符合无形资产的定义。

4. 实务操作中的区分要点

在实际的会计实务中，区分数据资源是存货还是无形资产的要点包括：

（1）持有目的。如果是用于对外交易，则可能更倾向于存货；如果是用于内部使用或对外服务，则可能更倾向于无形资产。

（2）数据权属。如果数据权属发生转移，如在销售过程中数据的相关权属转移给客户，那么可能更倾向于存货；如果数据权属不发生转移，那么可能更倾向于无形资产。

（3）业务模式。如果是对外出售，则可能更倾向于存货；如果需要进一步加工，持有目的是利用数据资源对外提供数据相关服务，则可能更倾向于无形资产。

第 10 章

数据资源入表的实施难点与应对策略

10.1 数据资源入表的问题和挑战

10.1.1 入表前的问题

1. 数据权属界定不清

数据的非排他性产生权益冲突。数据权属定义是数据资产进入财务报表面临的最为突出的挑战,也是数据立法工作急需予以妥善解决的关键议题(王利明,2023)。由于数据在生产过程中并不会产生损耗,并且能够无限制地进行复制以便多方共享运用,因此在数据产业链中所涉及的各个利益相关者都享有数据资产的部分权益。然而,这种非稀缺性与非排他性的特性使得各数据主体之间的权益冲突难以得到有效协调,从而导致数据权属的界定变得模糊不清(田杰棠和刘露瑶,2020;周汉华,2023)。《中华人民共和国民法典》(以下简称《民法典》)中的所有权客体主要针对的是不动产或者动产,然而数据却未能被纳入这两大类财产范畴,因此现行的法律法规,例如,《中华人民共和国反不正当竞争法》《中华人民共和国知识产权法》《中华人民共和国个人信息保护法》等,均无法实现对数据的全方位保护。

(1)数据权益逐渐清晰。《民法典》对数据权益作出了原则性的规定,提出数据权益作为民事权益体系的重要组成部分,理应受到民事权益保护规则保护。尽管《民法典》已经认可了数据的法律地位,但仍然未能解决数据权属问题。2022年12月,中共中央、国务院联合发布了《关于构建数据基础制度更好发挥数据要素作用的意见》(以下简称"数据二十条"),创新性地提出了数据三权分置的权属划分方式,明确指出"探索数据产权结构性分置制度"以及"建立数据资源持有权、数据加工使用权、数据产品经营权等分置的产权运行机制"。其中,数据资源持有权引起了广泛关注,它突破了传统民法体系中的"所有权"概念,在实践层面解决了数据权属的界定问题。根据《民法典》第二百四十条的规定,所有权人对自己的不动产或者动产,依法享有占有、使用、收益和处分的权利。而"数据二十条"所提出的三权分置,可以理解为是对"使用"和"收益"两项权利在经济层面的分配,规避了"占有"和"处分"两项权利,同时引入了"持有"的概念以奠定使用、经营等行为的基础性权利。简单而言,数据资源持有权可视作弱化版的"占有",数据加工使用权等同于所有权中的"使用",数据产品经营权则相当于"收益"。然而,值得注意的是,"数据二十条"在正式成为法律之前需要进一步的转化。另外不得不强调的是,"数据二十条"中关于三权分置的设计具备鲜明的内在逻辑关联,数据资源持有权、数据加工使用权与数据产品经营权有着各自特定的指向性,分别针对的是数据资源、数据及数据产品,这三者应有明确的区分。数据资源是一个宽泛的概念,包含所有能够被收集与使用的数据,即原始数据的集合体。而数据则是已经被收集与记录的事实信息,可以采用数字、文字、图像、声音等多种形式呈现,属于原始、未经过加工的信息。至于数据产品,则是对数据进行深入分析、处理之后形成的具有实用价值的信息,或者商业化流通的商品。

(2)企业需要明确持有权。从数据资源入表这个角度来看,企业首先需要在数据资源持有权层面明确自身所掌控的数据资源。然而，数据资源本身尚不足以构成可入表的数据资产，唯有经过深度处理之后方可达到入表的标准。更为具体地说，对于企业通过外部采购等途径获取的数据资源，即便企业并不拥有所有权，但只要严格遵循相关法律法规，企业仍可享有数据资源持有权、数据加工使用权以及对合法拥有或控制的数据资源进行开发所形成的衍生数据或数据产品的合法权益。在符合其他资产确认条件的前提下，这些数据资源便可依据相关会计处理规定顺利入表。现阶段，企业要想充分挖掘数据的潜在价值，首要任务便是明确"数据二十条"框架下的"持有权"问题。只有确保了合法持有，才能进一步开展数据的加工使用，以及进行数据资产的入表操作。《企业会计准则——基本准则》第二十条第三款明确规定，所谓由企业拥有或者控制，实际上是指企业享有某种资源的所有权，或者虽然不享有某种资源的所有权，但该资源却能被企业所实际控制。鉴于目前无法对数据进行所有权层面的绝对确权，因此我们更应将注意力集中在数据资源能否被企业所实际控制上。

2. 数据合规影响风险

第一，数据合规巩固数据安全。数据合规如同数据所有权无法进行具体确定一样，数据合规亦未能彻底杜绝第三方对数据权益的主张或干预，其主要功能在于评估企业处理数据的合法性，以及识别数据处理过程中所潜藏的风险。在诸多能被视为企业财产的数据资源中，要想满足"归属于企业主权范围内，并受企业管控"这一基本条件至关重要。尽管"数据二十条"提出的三权分离原则为厘清数据产权归属问题提供了初步思路，然而企业在日常运营过程中仍需高度重视有关数据合规领域的问题。简言之，由于法律层面尚未对数据进行明确的产权界定，数据处理者并不享有所有权性质的权利，因此必须借助数据合规手段来识别潜在风险，以防范或缓解他人对数据权益的挑战，进而巩固数据持有权。数据合规使数据持有权具有了现实意义，能够支持后续的数据加工使用权、数据产品经营权等的实施，为数据资源纳入财务报表扫清了源头障碍。

第二，数据合规需要从多个方面考虑。数据合规涵盖了来源合规、处理合规、管理合规以及其他业务合规等多方面内容。鉴于企业数据资源的获取、处理和管理方式会随着业务场景的变化而有所区别，数据资产的应用场景需要得到清晰界定（谭红旭，2024 年）。然而在实际操作中，数据资产的应用场景往往难以准确区分。一方面，企业在运用数据资产时可能缺乏明确的目标导向和规划，仅将其作为业务拓展或决策制定的依据。另一方面，数据资产有可能在同一时间段内应用于多种场景，甚至在应用过程中出现场景变更。另外，数据资产的应用场景受到巨大的经济波动影响。对于非自主生产的其他数据资源，企业应确保数据资源的获取不会触犯相关法律法规的强制性规定，同时不得侵犯任何第三方的合法权益。例如，针对通过数据爬虫技术获取的公共数据，企业应关注数据爬虫行为本身是否符合法律法规的规定；当企业通过 App、传感器等途径自行收集个人数据时，务必确保获得相关数据主体的授权许可；若企业从其他数据提供商处购买相关数据，则应关注所购得数据来源的合法性，必要时可要求数据提供商出具相应声明，保证其提供的数据取得所有相关数据主体的合法授权，且未侵犯任何相关数据主体的合法权益等。

3. 市场流通和监管体系亟须完善

在数据要素市场化配置这个复杂的系统工程中，市场监管无疑是至关重要的环节。然而，当前我国数据要素市场化建设仍处于初始阶段，市场监管体系尚未健全，数据要素的基础设施支持力度不足，特别是对于数据造假、泄露以及侵权等违法行为，缺少行之有效的监管技术与惩罚措施，这也使得数据要素监管体系及服务生态呈现出不成熟的态势。

首先，数据安全保障规范与标准的缺失。尽管区块链隐私计算等技术已经日渐成熟并得到广泛应用，但其在数据安全方面的保障效果仍然有限。此外，由于通用人工智能训练所需的海量数据容易导致信息泄露，进而引发数据的滥用，同时模型训练过程中所产生的带有偏见和歧视性的内容，也可能引发社会伦理争议。因此，亟须构建一套涵盖数据资源利用、安全、隐私保护、交易监管等多个维度的数据要素市场风险评估指标体系，以提高数据治理的法治化水平。

其次，数字基础设施建设尚不完备。骨干网络、5G信号覆盖、光纤网络提速、数字信息中心、数据交易平台、智能设施设备以及数字应用场景等基础设施的覆盖范围尚不全面，区域间发展不平衡，应用程度也相对不足。这种情况下，数据的采集、流通、扩散以及应用往往缺乏有效的载体，数据要素难以深入到代表先进生产力的前沿科技创新领域，从而限制了其对未来产业发展的推动作用。

最后，数据资产可信流通环境有待改善。数据流通不畅是现阶段数据要素市场面临的基础性问题，尤其是在市场培育阶段，各种配套制度、标准以及实践经验都还处在摸索阶段。借鉴欧美国家设立市场运行监管机构的做法，建立起完整的数据分类和风险评估机制、数据要素入市和退出机制，将有助于推动数据资产市场的规范化发展。

10.1.2 入表后的问题

1. 信息质量面临下滑风险

信息质量风险的主要源头在于数据资源的复杂多样性、不完全性、不一致以及不精确性等多方面因素。这些问题的存在不但困扰着数据资源资产化入表的整个过程，而且还有可能给财务报表的真实性与可靠性带来负面效应。

（1）信息质量的下滑归结于数据资源本身的特性。数据资源的复杂多样性直接导致了信息质量的下滑。数据资源的来源极其广泛，包括企业内部运营数据、外部市场数据等。这些数据类型繁多，格式各异，无疑加大了整合及处理的难度。同时，数据资源的复杂性还体现在数据间的相互关系上，如关联关系、因果关系等。企业所面临的数据类型包括结构化数据、非结构化数据、时序数据等。每种数据类型均有其独特的处理方法和特性，需要运用相应的技术手段和工具进行处理。若处理不当，便有可能导致数据的扭曲或者误解，进而影响信息质量。数据结构的复杂性同样是数据资源的一大特征。数据结构包含数据的组织形式、字段含义、数据间的关系等多个层面。在复杂的数据结构环境下，准确理解并处理各个字段的含义、识别数据间的关系成为一项极具挑战性的任务。这需要具备专业知识和技能，同时也需要严格的数据治理和规范的数据处理流程以保证信息的准确性和完整性。

（2）信息质量的下滑还受限于数据的收集结果。由于数据采集、处理和存储过程中的诸多原因，如数据源的局限性、技术故障或人为失误等，使得数据资源未能全面、准确地反映出事物的实际状况，从而影响数据资源的分析结果及其决策价值。首先，数据资源的不完全性可能导致分析结果的偏差。当数据资源不完整时，分析的基础将会受到制约，可能无法覆盖所有相关因素，从而导致分析结果偏离实际。这种偏差的分析结果可能对企业的决策产生误导，影响企业的战略规划和运营管理。由于缺乏完整的数据支撑，针对同一事物的描述和分析可能存在多种可能性和不确定性。这种不确定性可能导致决策者无法准确把握局势，增大了决策的风险和难度。在数据资源不完整的情况下，不同数据之间可能出现差异和冲突，导致数据的可比性降低。同时，由于数据不完整，数据的可靠性也会受到影响，使得数据使用者难以信赖数据的真实性和准确性，企业数据资源向资产化入账内化过程的事实难以客观且不可验证。因此，以上种种因素都会对数据资产入表的信息质量构成威胁。

2. 数据安全难以确保

（1）数据安全面临多重挑战。企业对于数据资源的掌控权至关重要，因此如何在充分利用这些宝贵资源的同时确保数据安全，成为一项充满挑战且极其迫切的任务。就个人而言，数据主体（即掌握数据的人或机构）的多元化，使得侵犯他们权利的方式变得日益复杂化，个人隐私权也因此无法得到切实有效的保护；而站在企业角度考虑，那些高度依赖数据的企业，有可能借助其平台的巨大流量、先进的算法技术以及丰富的数据资源，开发出具有掠夺性的业务模式，进而形成垄断地位。在此基础上，它们可能会采取诸如价格操控、达成共谋协议、实施排他性交易、恶意收购等不正当手段来进行恶性竞争（尹振涛等，2022）；就国家层面而言，数据的跨境流动无疑会增加数据泄露的风险，这不仅可能对国家的经济利益造成严重损失，甚至可能危及国家的整体安全。

（2）数据安全有法可依。当前法律法规主要是从《中华人民共和国数据安全法》框架下的数据安全保护、《中华人民共和国网络安全法》框架下的数据载体保护以及《中华人民共和国个人信息保护法》框架下的个人信息保护三个方面来为数据安全保驾护航。在《中华人民共和国数据安全法》方面，其核心任务是识别关键数据。然而，由于至今尚未公布明确的关键数据目录，因此企业在确定哪些数据属于关键数据时，除要依据与数据安全相关的法律规定、标准化指导文件以及行业实践经验进行全面分析判断之外，通常还需寻求第三方专业机构的协助，以期能够从内部和外部两个维度进行更为精准的判断。在《中华人民共和国网络安全法》方面，其关键点在于获取开展互联网相关业务所必需的各类许可证照。若企业所提供的服务具备舆论影响力或者社会动员能力，那么在向广大公众提供服务之前，企业还应进行严格的安全评估，并且根据《互联网信息服务算法推荐管理规定》办理相应的算法备案手续。在《中华人民共和国个人信息保护法》方面，其关注的核心问题在于如何确立个人信息处理活动的合法依据。该法律的第十三条第一款详列了七种可适用于个人信息处理活动的合法性基础，分别为："获得个人的明示授权同意；若此举系为了订立或续订个人作为一方当事人的合同所需，或系为了依照依法制定的劳动规章制度以及依法签署的集体合同进行人力资源管理所必需；若此举系为了履行法定职责或法定义务所必需；若此举系为了应对突发公共卫生事件，或在紧急情况下为保护自然人的生命健康及财产安全所必需；若此举系为了维护公共利益，实施新闻报道、舆论监督等行为，在合理范围内处理个人信息；若此举系依照《中华人民共和国个人信息保护法》规定，在合理范围内处理个人自行公开或其他已合法公开的个人信息；以及法律、行政法规规定的其他情形"。然而，尽管这七种合法性基础在理论上都能应用于个人信息处理活动，但它们在实际操作中的稳固程度却有所不同。普遍观点认为，基于合意的合法性基础更为稳固，因为它能够清晰地反映出相对人的真实意愿，并且在出现权益争议时能够提供有力的证据支持。相比之下，单方意志的合法性基础仅依赖企业自身对法律条款的理解与运用，在缺乏充分权威指导的情况下，其抵抗他人权益主张的能力较为薄弱，证明难度也相对较大。值得注意的是，在上述七种合法性基础中，唯有"获得个人的明示授权同意"具备合意性质，其余六种皆不包含合意元素。从数据资产入账的角度出发，如果我们希望确保企业持有数据的合法性和稳定性，那么"获得个人的明示授权同意"无疑应当成为首选的合法性基础。然而，对于公开数据而言，要想真正做到"获得个人的明示授权同意"往往面临诸多困难，因此在实践中需要根据具体情况进行综合考量，例如，数据的来源、获取途径、使用目的等，并结合业务场景作出恰当的判定。当前，企业可以尝试通过数据资产登记的方式来进一步确认数据资产的所有权，从而保障数据资产的稳定性。通过这种方式有望更好地实现数据资产的商品化、市场化和要素化，释放数据要素的全新价值。

3. 会计资产存在虚增风险

在将数据资源资产化列入财务报表的过程中，存在显著的会计资产虚增风险。这一风险主要源于数据资源本身的特性、其价值估算的难题、会计确认原则的适应性及其内在限制等多种原因。

首先，数据资源的价值具有无形性、动态性及不确定性等诸多特质，与传统的有形资产有所差异。例如，刘云波（2023）指出，数据资源的价值并非仅依赖其物理属性，更重要的是其质量和数量两个方面。数据的质量主要由其准确性、完整性、相关性以及时效性等因素决定；而数据的数量则主要体现在数据的规模和维度上。更为关键的是，数据资源的价值还会受到市场需求、科技进步以及政策法规等多种因素的影响，呈现出波动性。因此，在将数据资源资产化列入财务报表的过程中，确实存在会计资产虚增的风险。

其次，由于数据资源的独特性质，其价值不仅取决于数量和质量，同时还受到使用方式、分析能力等多种因素的影响，这无疑加大了准确评估其价值的难度。数据资源的价值会随着时间推移、市场环境等因素的变化而发生波动，这无疑进一步加剧了价值评估的难度。当前，尚未建立起统一的数据资源评估标准和方法，不同的评估机构和企业可能会采取不同的评估手段，这就导致了评估结果的巨大差异。这种差异不仅影响了数据资源价值的准确性，而且也降低了评估结果的可信度。

最后，传统的会计确认原则主要适用于有形资产，对于数据资源的适用性相对较弱。在将数据资源资产化列入财务报表的过程中，如何确定其初始确认、后续计量以及终止确认等环节都是一项极具挑战性的任务。例如，尽管数据资源的获取成本相对较低，但是其价值却可能随着数据的积累和分析能力的提高而大幅增长。如果过早或过晚地进行确认，都可能导致资产虚增或漏报的情况出现。

另外，我们必须认识到，内部控制体系可能无法完全覆盖数据资源的各个方面。第一，数据资源具有多样性和动态性，其生成、处理和分析往往涉及多个部门和众多利益相关者。这就可能导致内部控制的漏洞，使部分数据操作行为得以逃避监管。第二，内部控制的有效性在很大程度上取决于员工的执行和监督力度。如果员工对内部控制的重要性认识不足，或者存在利益冲突，那么内部控制的执行效果就可能大打折扣。第三，内部审计和外部监管的缺失也可能削弱内部控制的有效性，使得数据操纵行为难以被及时发现和纠正。第四，数据资源的价值评估具有一定的主观性和不确定性，这无疑增加了内部控制的难度。不同的评估方法和参数可能会得出截然不同的估值结果，这就要求内部控制体系能够适应这种不确定性，并确保估值过程的公正性和透明度。第五，随着数据资源规模的持续扩大和复杂性的不断增加，内部控制也需要不断更新和完善。然而，一些企业可能难以跟上数据资源发展的步伐，导致内部控制的滞后，从而增加了会计资产虚增的风险。

10.2 应对策略与改进建议

10.2.1 明确数据资产的确权规定

第一,需要在国家层面构建完善的数据资产确权体系。对于公共、企业以及个人所产生的数据,应该采用分类和分级方式进行确权分配,通过构建以产权为核心的三权分立模式,从而有效地指导和监督数据资源的合理利用。

第二,需要制定相关法律法规,以保障数据资源权益,推动企业数据资源的及时注册登记,为企业数据资源的管理提供有力的支持和依据。

第三,需要建立全国范围内的数据资源登记系统,明确数据资源的登记流程。这个系统应当能够详细记录全国范围内的数据产权信息,这将有助于企业准确掌握自身所持有的数据权属情况,同时也能够及早发现并处理非法或者不符合规范的数据源,确保数据的合法性和合规性。

第四,需要明确企业数据资源的权属问题。为了确保企业数据资产的合法性和合规性,企业必须对自身所拥有的数据资源进行全面清查和评估,深入理解这些数据资产的实际应用场景,并对数据的使用方法以及数据的所有权归属等关键问题进行深入研究。对于那些通过非正当手段获取或者违反规定获得的数据,不能将其视为企业的资产。因此,在进行数据资源清查时,企业可以采取三权分立的策略,根据企业是否具有数据资源的所有权、使用权或者经营权来确定企业数据资源的最终归属。为了解决自产或者外购数据资源的权属问题,企业在进行数据采集、处理以及使用过程中要严格遵守相关规定,及时记录并保存相关证据,以便于日后的审查和监管。以上措施不仅能够确保企业所持有的数据都是合法且合规的,而且还有助于提高企业的管理效率。

10.2.2 改进和完善数据资产计量方法

首先，需要建立企业内部计量制度。当前，由于各企业的计量制度尚未达到统一标准，这给企业实施数据资产入表带来了诸多困扰。因此，构建一个相对统一且规范的数据计量体系，无疑是企业实现数据资产入表的重要前提条件。在制定统一计量制度的过程中，企业应当充分考虑业界对数据资产计量的普遍认识、学术界关于数据资产计量的最新研究成果以及相关专家学者的宝贵意见和建议。如果有必要，企业还可以考虑邀请第三方权威机构或者专业人士参与进来，协助企业建立更为科学合理的计量制度。

其次，需要进一步完善数据资产对外交易后的成本结转方法。目前，《企业数据资源相关会计处理暂行规定》中针对被定义为存货的数据资产所提出的成本结转要求是在确认其相关收入的当期，将已售存货的账面价值确认为当期损益。然而，由于数据资产具有高度的可复制性，其出售之后的价值并不随买卖行为而发生转移，部分卖方甚至可能会再次出售该商品或者继续享用该商品，使得数据资产是否已经完全转移难以核实。因此，可以在成本计量方面采用配比原则，即以资产为企业带来的经济利益为主要依据进行计量。鉴于数据资产作为存货存在多种不同的情况，可以对数据资产进行详细分类，然后根据各类别的特点分别进行成本的结转。例如，对于那些在卖出后存在限制条款，从而确保其唯一性的数据资产，可以参照低值易耗品的处理方式，采用五五摊销法进行核算；而对于那些存在可复制性的数据资产，则应对其预期使用寿命进行评估，按照年度多次进行摊销。

10.2.3 深化数据资产化战略

企业要将数据资产化确立为企业战略。在迈入数字经济的新纪元之际，企业若想在激烈的市场竞争中脱颖而出，就必须将数据资产化提升至企业战略的核心高度。数据，这一无形却强大的资源，正逐步成为驱动企业创新、优化决策流程、重塑管理模式及业务模式转型的关键力量。因此，将数据资产化战略深植于企业发展蓝图之中，不仅是顺应时代潮流的必然选择，更是企业实现可持续发展与竞争优势的重要基石。通过将数据资产化确立为企业战略，企业能够以数据为驱动力，实现决策、管理和业务模式的创新。

这一战略的实施，需从企业顶层设计出发，明确数据作为核心资产的地位，确保其在企业战略规划、资源配置及日常运营中占据核心位置。这一战略需逐层渗透至企业的每一个业务单元，乃至每一位员工心中，形成自上而下的数据驱动文化。这要求企业不仅要在技术层面构建先进的数据收集、处理、分析及应用能力，更要在组织文化方面培养全员的数据意识与数据素养，让数据思维成为每一位员工日常工作的指导原则。具体而言，企业应积极营造以数据为中心的工作氛围，通过培训、工作坊、在线课程等多种形式，不断提升业务人员的数据分析能力，使他们能够熟练运用数据工具，从海量数据中挖掘价值，为业务决策提供有力支持。同时，鼓励跨部门间的数据共享与协作，打破信息孤岛，促进数据在各个环节的顺畅流通与高效利用，从而加速企业整体的创新步伐。在总结与反思方面，企业应在开展常态化数据资产管理检查基础上，定期总结问题，形成业务案例，企业应注重将实践中的经验教训转化为可复用的知识资产。通过定期召开数据资产管理总结会议，分享成功案例与失败教训，鼓励多方参与讨论，集思广益，共同探索数据资产管理的最佳实践。同时，将这些宝贵经验融入企业日常运营中，形成持续改进的良性循环，推动企业数据资产管理水平不断迈上新台阶。

10.2.4 深入改良数据资产评估体系

对数据资产的精准估值是衡量和识别企业数据资产的关键环节，这对于推动企业数据资产的计量以及确权都有着积极的影响。为了准确地反映数据资产的实际价值，可以采取定期对各数据持有单位的数据资产进行全面价值评估的措施，从而确保数据资产能够以其真实价值在资产负债表中得到充分体现，有效防止数据资产价值被误判。除此之外，强化数据资源的安全性和合规性评估也是非常必要的，这将有助于明确数据资源的所有权归属，对于推动数据资产进入财务报表工作的顺利开展具有举足轻重的地位。因此，企业可以考虑通过设立专门的内部执行团队或者聘请外部专业机构来制定统一的数据规范和数据质量评估标准，以此保障数据的连续性和可用性，进而全面提高数据质量。同时，借鉴以往的数据资产评估经验，制定适用于内部使用的规范化文件，对数据资产进行分级分类，使企业能更有针对性地对各类别、不同级别的数据资产进行分类评估。另外，对企业现有的数据资源进行全面审计，明确数据资产价值、所有权等多项入表条件，从数据资源本身的价值以及它给企业带来的价值两个角度出发，全力推进数据资产入表工作。

10.2.5 注重数据资产合规性

企业要注重数据资产的合规性，进行风险管控。在企业数据资产化的过程中，确保合规性并实施有效的风险管控无疑是至关重要的。企业必须严格遵守国家相关法律法规，如《中华人民共和国网络安全法》《中华人民共和国数据安全法》《中华人民共和国个人信息保护法》，以保障数据安全和个人隐私安全。为此，企业应建立完善的数据安全管理体系，并制定相应的数据安全分类分级标准，确保数据资产管理的全流程和各环节都能得到有效覆盖。同时，企业还需制定数据资产管理的风险应急机制，定期开展内外部审计，加强数据资产的质量控制和数据算法的科学伦理审查，确保数据资产管理业务操作符合国家标准和规范。在合法合规的前提下，企业应积极开展数据资产的运营管理工作，确保数据资产的安全性和可控性。此外，企业还应持续关注和跟踪与数据资产相关的政策变化，深入分析这些变化对企业数据资产管理的影响。通过精准识别和有效应对政策变化带来的机遇与挑战，企业可以更好地适应外部环境，确保数据资产的价值最大化，同时防范潜在的风险。

10.2.6 全面优化数据资产识别

优化数据资产识别可以减少舞弊。自《企业数据资源相关会计处理暂行规定》开始执行以来，数据资产经过详细评估及所有权确认之后，被视为企业的一种资产可以纳入资产负债表。企业可以运用此类资产进行抵押贷款和融资活动。然而，部分企业可能基于优化财务指标和提高信用评级的考量，将原本未能充分披露在资产负债表中的数据资源转化为可在资产负债表中体现的资产形态；另有一些企业则可能通过将企业内部的低质量数据资源伪装成优质数据资产，以达到美化财务报表的效果，从而达到欺瞒债权人以及股东的不良企图。除此以外，企业还可能借助与其关联方之间的直接数据资源交易，以此来调整财务报表，进一步达到美化财务报表、误导报表使用者的恶劣目的。因此，在允许数据资产进入资产负债表之后，应当建立健全相应的监督纠察制度，防止企业滥用数据资产进行违法行为，同时采取必要的监管措施，例如，加强对企业的监管力度、开展针对管理层的思想教育工作、进行广泛的社会舆论宣传，以及要求企业定期提交由第三方机构出具的关于企业数据资产识别和入账行为是否合法合规的审查鉴定报告等。

10.2.7 进行数据资产入表工作试点

为了尽早地将数据资产纳入企业的资产负债表之中，以加强对数据资产会计核算及报告的规范化管理，可以开展全方位的探索试行活动。首先，选取具备潜在价值且其应用已趋于成熟的数据要素行业领域作为首选的试行区域，从而确保能够取得实质性的进展。在确定试行数据范围的过程中，必须充分考虑数据的实时性、精确度、可靠性、有效性以及安全性等多个方面的因素。其次，需要构建一个"点线面"相结合的试行体系。具体来说，就是要在企业层面、行业层面以及地区层面有条不紊地推进数据资产入表的试行工作，旨在摸索出一套成熟的工作模式，以及那些具有可复制性和可推广性的成功经验和做法。再次，需要对企业数据资产入表及其核算状况进行持续追踪与监控,通过设立监测与反馈机制,以便能及时发现并解决可能出现的问题,进而不断提升数据资产入表试行的效果和价值。最后,需要大力推广和应用试行所取得的成果。对这些成果的可行性和效果进行全面的评估和验证,为相关人员提供必要的培训和支持,帮助他们更好地了解和掌握数据资产入表的方法和流程,解决在实践过程中所遇到的各种问题。同时,还需不断收集来自各方面的反馈意见和实际需求,以此来完善现有的规则和标准体系,并适时制定和发布《企业数据资源相关会计处理暂行规定》的实施细则,以推动数据资产的合法合规入表。

10.2.8 构建规范而严密的监管体系

首先,必须完善数据安全保护体系。这就需要政府部门制定针对数据资产交易的严格监管政策,监督供应商按照契约的承诺及市场普遍认可的准则交付数据,同时也要监督买方在约定期间内符合规定并适当使用数据,从而保证数据交易各方的权益得到充分保障。此外,还需制定数据交易的合规性和风险控制措施,防止在数据交易过程中对个人隐私权、企业商业机密乃至国家安全构成潜在威胁,从而确保数据交易活动能够在法律法规框架下有序开展。

其次,要加强通信、算力、交易等数据基础设施建设。可以由国家数据管理局主导设计数据交易基础设施体系,通过实施多元化的供给策略,优化5G网络、智能计算中心、数据中心、共享平台、登记平台、交易平台等数字化基础设施的空间分布,合理扩大其覆盖范围并缓解地区间的发展不平衡问题;各地方政府应积极配合,消除数据共享流通中的障碍,实现各级平台之间的数据互联互通,为创新数据要素的开发利用和流通交易模式提供坚实的基础保障。

最后,技术和制度创新也是保障数据安全高效流通的关键。应鼓励科研机构和大型企业集中力量攻克隐私计算、区块链、动态加密、零知识证明、群签名、环签名、差分隐私、数据标识等可信流通领域的前沿技术;

各地政府也应加快推进以隐私技术、联邦学习技术为核心的数据安全设施建设重大项目的落实。同时，还要积极探索建立数据资产流通的准入门槛，逐步完善数据供应方、需求方、交易平台运营商以及第三方服务商等各类市场主体的准入机制，确保流通数据的明确性和合法性。

第 11 章

研究结论与未来展望

11.1 研究结论

在信息时代,数据资源的管理和应用已经成为各个领域关注的焦点,而数据资源入表作为其中的关键环节,亟须一套完整、科学的理论体系来指导实践。本书深入探讨了数据资源入表这一数字经济时代的重要课题,通过理论剖析、政策解读、实践案例分析及策略建议,得出以下主要结论:

(1) 数据资源作为新型生产要素的重要性日益凸显。数据资源入表是推动数据要素市场化配置、释放数据价值的重要途径,有助于企业提升估值、优化管理和增强竞争力,在优化资源配置、提升生产效率、推动数字经济发展及社会治理创新等方面发挥着不可替代的作用。

(2) 为数据资源入表提供理论支撑。本书阐述了数据资源入表的基本原理,介绍了数据资源入表的具体方法,包括前期准备工作、入表的具体操作流程、入表后的管理与评价问题,旨在为数据资源的有效入表提供全方位的理论支持。

(3) 政策法规环境正逐步完善。随着《企业数据资源相关会计处理暂行规定》等法规的出台，数据资源入表的政策法规环境正逐步健全。然而，数据权属、合规性和确权等问题仍需进一步明确和规范，以保障数据资源入表的顺利实施。

(4) 前期准备工作和会计核算流程至关重要。数据资源入表前需做好充分的前期准备工作，包括数据合规与确权、数据治理及资产评估等。会计核算流程需严格遵循会计准则，确保数据资源从"原始数据"到"数据资产"的转化过程科学、合理、合规。

(5) 管理与评价体系的建立是保障。数据资源入表后，需建立有效的管理与评价体系，以充分挖掘数据资产的价值，保障数据资产的安全与质量，提升企业的决策效率和竞争力。

(6) 应用前景广阔但挑战并存。数据资源入表后，将极大地促进数据资产交易平台的建设与运营，推动数据资产与金融市场的深度融合。然而，实施过程中仍面临数据资产确权难、合规性挑战、市场流通不畅及监管体系不完善等难题。

(7) 案例分析与策略建议。通过对中国南方电网、阿里巴巴和中国移动等企业的案例分析，总结了数据资源入表的成功经验和教训，为其他企业提供了宝贵的借鉴。同时，针对实施难点提出了应对策略和改进建议，为数据资源入表的进一步推广和应用提供了有力支持。

11.2　数据资产化的未来趋势

11.2.1　技术创新对数据资产化的影响

1. 增强数据处理能力

技术创新对数据资产化的影响体现在其极大地增强了数据处理能力。

随着大数据技术与云计算技术的革新浪潮，企业的数据处理能力将迎来前所未有的飞跃。大数据技术不仅会解锁处理海量数据的潜能，还会显著加速数据处理流程，并提升其精确度与效率。这一技术变革促使企业能够更加高效地整合、深度剖析并有效利用数据资源，从而加速数据向资产转化的进程。在多个行业领域，批量数据处理技术将展现出其巨大的决策支持与价值挖掘能力。在未来，以互联网生态为例，社交网络平台如Facebook、新浪微博、微信等，将围绕用户生成的海量文本、图像和音视频数据，通过批量处理，能够深入剖析社交网络结构，揭示用户间的潜在关联与社群结构，进而实现精准的社交推荐与个性化内容推送，极大地优化了用户体验。在电子商务领域，批量数据处理同样扮演着关键角色。电商平台累积的购买记录、商品评价和用户浏览行为等海量数据，经过深度分析，不仅能帮助商家精准定位热销商品，提升销售业绩，还能洞悉消费者行为模式，实现个性化商品推荐，有效促进客户黏性与忠诚度。此外，在搜索引擎中，大数据的批量处理能力也为广告投放效果优化提供强大支撑。通过对广告点击、展示等数据的批量分析，搜索引擎及其广告系统能够精准调整广告投放策略、提高用户点击率，进而实现广告效益的最大化。而云计算技术为企业提供了一个灵活且可扩展的数据存储和处理平台。它构筑了一个适应性强的数据管理框架，为企业带来了前所未有的灵活性和扩展性。该技术涵盖了广泛的计算资源和服务，涵盖了从虚拟机到存储、数据库、网络等多个层面。这种多层面的资源布局使得企业能够根据自身的业务需求和数据处理的即时要求，自如地调配和优化计算能力。在云计算环境中，企业得以利用其高度可定制的特性，按需增减计算资源，从而确保资源的有效利用和成本的最优化。这种灵活性体现在企业可以快速响应市场变化和业务增长，无须担心硬件限制或过度的前期投资。云计算平台使得企业能够动态调整其数据处理和存储需求，无论是在业务高峰期还是低谷期，都能保持资源的合理配置。同时，云计算的高效数据处理能力将极大提升整体的工作效率，加速数据分析和洞察的生成，为企业的决策制定和战略规划提供强有力的支持。

2. 提升数据安全性

技术创新对数据资产化的影响体现在其提升了数据的安全性，尤其是区块链技术和加密技术的应用。区块链技术的去中心化和不可篡改性为数据资产化提供了前所未有的透明度和安全性。区块链技术通过链式的存储结构，可以保证每一个区块中的交易数据都不可篡改，链路上的每一个区块都具有唯一性。由于所有区块的产生都经过众多节点的认可，所以对于已经上链确定的区块都是可信的。如果链路上任一区块的内容被修改，这将导致当前区块的 Hash 值产生变化，最终所有基于该区块的后续所有区块在验证合法性过程中失败。所以若想对其中某一区块篡改，也需要同时对该区块及所有后续区块一并修改才能校验通过，难度极大。区块链技术确保了数据的真实性和可靠性，有效防止了数据篡改和伪造，从而保障了数据资产的安全。加密技术是维护数据安全的重要防线，它在数据传输和存储的两个关键环节中发挥着至关重要的作用。通过这一技术，企业能够有效地保障其数据资产的安全，防止敏感信息在流转过程中遭到泄露或非法访问。在当今信息化时代，数据的安全性已成为企业发展的重中之重。加密技术的运用，为数据资产构筑了一道坚固的防护屏障。它通过对数据进行编码转换，使得即便数据在传输或存储过程中遭遇拦截，未经授权的第三方也无法解读其真实内容。这种技术的应用将显著提升数据在各个流转环节的安全性，极大地减少数据泄露的可能性。举例来说，一家金融科技公司采用高级加密标准（AES）对客户数据进行加密处理，在数据传输过程中，通过 SSL/TLS 协议确保数据包在互联网上传输时的安全性。而在数据存储环节，则利用端到端加密技术，保证数据在云端服务器或本地存储设备上的安全。这样一来，即便发生数据泄露事件，攻击者也无法获取有价值的信息，从而保护了客户的隐私和企业的信誉。此外，加密技术的应用还体现在移动设备的数据保护上。例如，一家跨国企业为其员工配备的移动设备均采用了设备加密和应用程序层加密。这意味着，即使设备丢失或被盗，未授权的用户也无法访问设备上的敏感数据，有效防止了潜在的数据泄露风险。总之，加密技术作为数据安全的守护者，其在数据传输和存储过程中的应用,不仅为企业提供了坚实的数据保护措施,也增强了客户和合作伙伴对企业的信任,对于维护企业的长期发展和市场竞争力具有重要意义。

3. 推动数据价值挖掘

技术创新对数据资产化的影响体现在其推动了数据价值挖掘。人工智能(AI)算法如同数据海洋中的探照灯,能够从庞杂的数据集中提炼出宝贵的见解,并将其转化为具有实际操作意义的洞察。AI算法,特别是深度学习和机器学习算法,能够识别数据中的复杂模式和微妙关联,这些往往是人类分析师难以察觉的。这些由AI算法提炼的洞察,为企业提供了决策支持,助力企业在竞争激烈的市场环境中作出更为明智的选择,进而提升整体的运营效率,实现数据资产的价值增长。在数据分析和预测领域,AI的应用为企业开启了一扇通往深度数据挖掘的大门。数据中隐藏的价值可能包括顾客行为预测、市场趋势分析、运营效率提升和风险控制等。通过AI算法的强大处理能力,企业得以深入探索数据的潜在价值,将数据资产转化为驱动业务发展的关键力量。以Netflix的推荐系统为例,通过人工智能的运算法则,对用户的收看习惯和喜好进行分析,然后为他们定制适合自己的影视作品。对数据的深度挖掘不仅改善了使用者的经验,同时增强了使用者的忠诚度,因此使Netflix的订购费大幅提高。再如,阿里巴巴的智能仓库,它运用AI算法优化其仓库管理系统,预测商品需求,自动调整库存。这不仅减少了库存成本,还提高了订单处理速度和准确性,最大化了其数据资产的价值。

未来,各类创新技术会不断加快数据资产化的进程,为数据资产化保驾护航。随着人工智能、机器学习等技术的不断成熟,数据处理的智能化和自动化水平将进一步提升。未来的数据处理系统将更加智能地识别、分析和预测数据中的模式和趋势,减少人工干预,提高处理效率和准确性。这种智能化和自动化的趋势将极大地加速数据资产化的进程,使企业能够更快地将数据转化为有价值的资产。随着数据泄露和隐私侵犯事件的频发,数据安全与隐私保护将成为企业数据资产化的核心竞争力。区块链技术、加密技术及零信任安全模型等创新技术的应用,将为企业构建更加坚固的数据安全防线。同时,随着数据保护法规的不断完善,企业将更加重视数据合规性,将数据安全和隐私保护融入企业文化和业务流程中。AI算法和高级分析技术的不断进步,将推动数据价值挖掘向更深层次发展。未来的数据分析将不仅停留在表面关联和趋势预测上,而是能够深入剖析数据背后的因果关系,揭示更复杂的业务逻辑和市场动态。这种深度挖掘将为企业提供更为精准的决策支持和业务优化方案,进一步提升数据资产的价值。

当然,我们也应看到,尽管技术创新为数据资产化带来了诸多优势,但也面临一些挑战。例如,数据隐私和安全保护、数据质量和管理等问题需要企业加强技术创新和制度建设来应对。同时,随着技术的不断发展,企业还需要不断学习和掌握新技术,以适应数据资产化的新需求和新趋势。

11.2.2 数据资产化的全球化进程

在数字化浪潮中,数据已成为驱动全球经济与社会发展的核心引擎,其资产化进程不仅重塑了传统经济版图,更引领了一场全球性的变革。随着全球数字经济的蓬勃兴起,数据资产化作为一股不可阻挡的力量,正深刻改变着国际贸易体系、价值创造模式和全球价值链的分工格局。特别是在后疫情时代,数字贸易的异军突起为全球经济的复苏注入了强大的活力,彰显了数据资产化跨越国界、融合全球的独特魅力。数据资产化这一过程跨越了国界和地域限制,涉及不同国家和地区之间的数据流动和价值转化。数据资产化的全球化进程,就是将这一过程推向全球范围,实现数据的全球流通和价值共享。全球多个国家和地区纷纷将数据资产化提升至国家战略高度,通过制定标准、政策法规及实施一系列创新实践,加速了这一进程的全球化步伐。

1. 各国数据资产化进程

美国作为全球数字经济的领头羊,其数据资产化走在了世界前列。从开放政府数据到国家战略层面上对数据资产的管理及实践，美国均有相应的政策法规进行全面引领和保障。其开放政府数据的举措不仅促进了政府透明度，还激发了商业创新。比如，美国政府的 Data.gov 平台，作为政府数据的开放门户，不仅提供了丰富的数据集，还通过数据管理成熟度评估和资产评分系统，帮助企业和社会组织更好地利用这些数据资源。此外，美国企业在数据资产化方面也展现出强大的创新能力，例如，亚马逊利用其大数据分析能力优化物流、推荐系统等，极大地提升了用户体验和运营效率。欧盟则在数据保护与共享之间寻求平衡，通过《通用数据保护条例》等法规，建立了严格的数据保护框架，同时推动公共部门信息的开放再利用。欧盟的数据门户网站为公众和企业提供了便捷的访问渠道，促进了数据资源的跨国界流动。英国的《数据资产框架》更是为数据资产的管理和评估提供了系统的理论支撑和实用工具，成为国际上的典范。在中国，数据资产化的进程同样如火如荼。从大数据被纳入国家战略，到数据被确立为生产要素，再到发布《关于构建数据基础制度更好发挥数据要素作用的意见》，以及《企业数据资源相关会计处理暂行规定》的发布，我国政府在推动数据资产化方面展现出坚定的决心和前瞻性的布局。这些政策在数据跨境、数据空间、数据资产入表等方面起到了引导和规范作用，不仅推动了数据要素市场的培育和数字经济的发展，还促进了数据资产的合规高效流通和使用。自 2024 年 1 月 1 日起，财政部印发的《企业数据资源相关会计处理暂行规定》正式施行，为企业数据资源的会计处理提供了明确的指导原则，标志着我国在数据资产入表方面正式进入实际操作阶段，对赋能企业经营管理、推动经济高质量发展具有重要意义。这一系列的政策措施不仅为数据资产的市场化交易提供了制度保障，还激发了市场主体的创新活力。以阿里巴巴、腾讯等为代表的互联网巨头，通过大数据、云计算等技术，实现了精准营销、智能推荐等创新应用，推动了数字经济的快速发展。在具体实践上，各地也积极探索数据资产化的新路径。例如，北京、上海、深圳等地围绕企业数据资源入表工作展开了积极尝试，通过建立综合服务平台、强化生态体系建设等方式，推动数据资源的资产化、价值化。这些实践不仅为企业带来了实际的经济效益，也为其他地区提供了宝贵的借鉴经验。

2. 全球数据资产化进程加速推进

随着技术的不断进步和全球化的深入发展，数据资产化的全球化进程将继续加速推进。一是跨国数据流动速度和频率将不断增长。区块链技术的去中心化、不可篡改性和高透明度特性将继续推动数据资产在全球范围内的安全交易和共享。加密技术将进一步保障数据在传输和存储过程中的安全性，增强跨国企业和组织对数据资产化的信心。随着全球化的深入发展，跨境数据流动将成为常态，未来跨境数据流动将更加频繁，各国企业和机构需要不断交换和共享数据，以支持其全球业务运营和决策制定，跨境数据流动的频繁性为数据资产化的全球化进程提供有力支撑。二是未来跨国数据交易将大大加速，数据价值转化更加高效。在全球化背景下，数据价值的转化不在局限于某一国家或地区内部，而是可以在全球范围内进行。随着 AI 算法和大数据处理技术的不断进步，全球范围内的数据分析和挖掘能力将得到显著提升。企业能够更高效地整合和利用跨国数据资源，挖掘出更多有价值的商业洞察，推动全球数据资产化深入发展，这将极大地提高数据资产的利用效率和经济价值。三是基于此目标，数据市场规则将实现统一、数据交易平台将国际化、未来治理体系将不断完善。数据市场规则未来达成统一的可能性体现在：随着全球经济一体化的加深，各国将逐渐建立统一的数据市场规则，为跨国数据流动和交易提供法律和政策保障。这将促进数据资产在全球范围内的自由流通和优化配置。数据交易平台实现国际化的可能性体现在：全球范围内的数据交易平台将不断涌现并加强国际合作，推动数据资产的跨境交易。这些平台将提供标准化的数据产品、交易流程和监管机制，降低跨国数据交易的门槛和成本。未来治理体系将不断完善的可能性体现在：为了保障跨境数据流动的安全和有序进行，各国政府和国际组织将纷纷加强对数据资产化的治理。通过建立完善的法律法规体系、加强国际合作和制定统一的数据标准等措施，推动全球数据资产化的健康发展。未来，我们可以期待更加完善的跨境数据流动机制、更加高效的数据价值转化模式和更加健全的治理体系的出现。

展望未来,技术创新将引领全球化发展,跨国数据流动与交易将更加频繁与高效。随着国际标准与法规体系的不断完善以及应用场景的不断拓展,数据资产化将为全球经济注入新的动力。通过数据的流动和价值的转化,促进新兴产业的兴起和传统产业的转型升级,带动全球贸易和投资的增长。同时,数据安全与隐私保护也将成为各国政府和企业共同关注的焦点。在共同应对挑战、加强合作与交流的过程中,全球数据资产化的美好图景正徐徐展开。

参考文献

[1] Atkinson K, McGaughey R. Accounting for data: A shortcoming in accounting for intangible assets [J]. Academy of Accounting and Financial Studies Journal, 2006, 10 (2): 85.

[2] Bales J, Lee C. Introduction to featured collection on use of nasa and other earth observations data, assets, and tools to support water management—Part 1 [J]. JAWRA Journal of the American Water Resources Association, 2021, 57 (5): 661-663.

[3] Barron O E, Byard D, Kile C, et al. High-technology intangibles and analysts' forecasts [J]. Journal of Accounting Research, 2002, 40 (2): 289-312.

[4] Batseva N L, Foos J A. Application of standard ZET-algorithm for gaps filling in wide area measurement system data assets [J]. IOP Conference Series: Materials Science and Engineering, 2021, 1019 (1): 012034.

[5] Beauvisage T, Mellet K. Datassets: Assetizing and marketizing personal data [J]. Assetization: Turning things into assets in technoscientific capitalism, 2020: 75-96.

[6] Benlian A, Kettinger W J, Sunyaev A, et al. The transformative value of cloud computing: a decoupling, platformization, and recombination theoretical framework [J]. Journal of management information systems, 2018, 35 (3): 719-739.

[7] Berkman M. Valuing intellectual property assets for licensing transac-

tions [J]. The Licensing Journal, 2002, 22 (4): 16 – 23.

[8] Birch K, Chiappetta M, Artyushina A. The problem of innovation in technoscientific capitalism: data rentiership and the policy implications of turning personal digital data into a private asset [J]. Policy studies, 2020, 41 (5): 468 – 487.

[9] Birch K, Cochrane D T, Ward C. Data as asset? The measurement, governance, and valuation of digital personal data by Big Tech [J]. Big Data & Society, 2021, 8 (1): 20539517211017308.

[10] Birch K, Marquis S, Silva G C. Understanding data valuation: valuing Google's data assets [J]. IEEE Transactions on Technology and Society, 2024, 5 (2): 183 – 190.

[11] Borodo S M, Shamsuddin S M, Hasan S. Big data platforms and techniques [J]. Indonesian Journal of Electrical Engineering and Computer Science, 2016, 1 (1): 191 – 200.

[12] Borup D, Schütte E C M. Asset pricing with data revisions [J]. Journal of Financial Markets, 2022 (59): 100620.

[13] Bughin J, Chui M, Manyika J. Clouds, big data, and smart assets: Ten tech – enabled business trends to watch [J]. McKinsey quarterly, 2010, 56 (1): 75 – 86.

[14] Chakrabarti K, Chaudhuri S, Chen Z, et al. Data services leveraging Bing's data assets [J]. IEEE Data Eng. Bull., 2016, 39 (3): 15 – 28.

[15] Chen Y, Zhao Y, Xie W, et al. An empirical study on core data asset identification in data governance [J]. Big Data and Cognitive Computing, 2023, 7 (4): 161.

[16] Cheng B. Data as assets in foreign direct investment: Is China's national data governance compatible with its international investment agreements? [J]. Asian Journal of International Law, 2023, 13 (2): 342 – 364.

[17] Colson E. Leverage data assets with complex event processing [J].

Information Management, 2006, 16 (11): 24.

[18] Dalessandro B, Perlich C, Raeder T. Bigger is better, but at what cost? Estimating the economic value of incremental data assets [J]. Big data, 2014, 2 (2): 87-96.

[19] Edmans A. Does the stock market fully value intangibles? Employee satisfaction and equity prices [J]. Journal of Financial economics, 2011, 101 (3): 621-640.

[20] Fan M D. The right to benefit from big data as a public resource [J]. NYUL Rev., 2021 (96): 1438.

[21] Fernandez R C, Subramaniam P, Franklin M J. Data market platforms: Trading data assets to solve data problems [J]. Proceedings of the VLDB Endowment, 2020, 13 (11): 1933-1947.

[22] Firica D O, Manaicu A. How to appraise the data assets of a company? [J]. Quality - Access to Success, 2018, 19 (166): 41-49.

[23] Fisher T. The data asset: How smart companies govern their data for business success [M]. John Wiley & Sons, 2009.

[24] Geiger J. Metadata's role in managing the data asset, part 2 [J]. Information Management, 2007, 17 (5): 48.

[25] Gong L. Study on tax governance of data assets in the context of digital economy [J]. International Journal of Management Science Research, 2023, 6 (6): 26-30.

[26] Gregory A, Bentall L. Data governance—Protecting and managing the value of your customer data assets: Stage 3: Identifying and controlling the risk in using third-party processors [J]. Journal of Direct, Data and Digital Marketing Practice, 2012 (13): 335-344.

[27] Gregory A. Data governance—Protecting and unleashing the value of your customer data assets: Stage 1: Understanding data governance and your current data management capability [J]. Journal of Direct, Data and Digital Mar-

keting Practice, 2011 (12): 230-248.

[28] Grimmelmann J, Mulligan C. Data property [J]. Am. UL Rev., 2022 (72): 829.

[29] Gupta S, Lehmann D R. Customers as assets [J]. Journal of Interactive marketing, 2003, 17 (1): 9-24.

[30] Hannila H, Kuula S, Harkonen J, et al. Digitalisation of a company decision-making system: A concept for data-driven and fact-based product portfolio management [J]. Journal of Decision Systems, 2022, 31 (3): 258-279.

[31] Hannila H, Silvola R, Harkonen J, et al. Data-driven begins with DATA: potential of data assets [J]. Journal of Computer Information Systems, 2022, 62 (1): 29-38.

[32] Hochhauser R. Data strategy: a critical component of marketing success [J]. Handbook of Business Strategy, 2004, 5 (1): 227-232.

[33] Hu C, Li Y, Zheng X. Data assets, information uses, and operational efficiency [J]. Applied Economics, 2022, 54 (60): 6887-6900.

[34] Kaminski P, Rezek C, Richter W, et al. Protecting your critical digital assets: Not all systems and data are created equal [J]. McKinsey & Company, Business Technology Office, 2017: 1-6.

[35] Kang X. Research on data asset value appraisal methods for internet enterprises——taking T corporation as an example [J]. Academic Journal of Business & Management, 2024, 6 (1): 73-78.

[36] Khatri V, Brown C V. Designing data governance [J]. Communications of the ACM, 2010, 53 (1): 148-152.

[37] Ladley J. Making enterprise information management (EIM) work for business: A guide to understanding information as an asset [M]. Morgan Kaufmann, 2010.

[38] Lamponi D. A data-driven categorization of investable assets [J].

The Journal of Investing, 2015, 24 (4): 73-80.

[39] Lan F, Yang J, Feng H, et al. Research on ZKP algorithm of data asset security and privacy protection based on blockchain technology [J]. International Journal of e-Collaboration (IJeC), 2024, 20 (1): 1-20.

[40] Li A, Wang A, Chi Y, et al. Exploration of data asset valuation for internet platform companies based on the dea-bcc model [J]. Procedia Computer Science, 2024 (242): 1235-1242.

[41] Li S, Chu L, Wang J, et al. A road data assets revenue allocation model based on a modified Shapley value approach considering contribution evaluation [J]. Scientific Reports, 2024, 14 (1): 5179.

[42] Li Y H, Kexin Q. Value evaluation on data assets of P2P net loan platform [J]. Journal of Physics: Conference Series, 2019, 1168 (3): 032001.

[43] Li Y, Luo C, Dong L, et al. Data asset disclosure and nonprofessional investor judgment: Evidence from questionnaire experiments [J]. Mobile Information Systems, 2022 (1): 8116063.

[44] Li Y, Mu D, Li J. RFID-based logistics big data asset evaluation and data mining research [J]. Applied Mathematics and Nonlinear Sciences, 2023, 8 (2): 665-676.

[45] Li Y, Wang X, Zheng X. Data assets and corporate sustainable development: Evidence from ESG in China [J]. Pacific-Basin Finance Journal, 2024 (85): 102378.

[46] Lin C, Zhang M. A review of the impact of data assets on the operation and development of enterprises [J]. Journal of Risk Analysis and Crisis Response, 2024, 14 (2): 216-227.

[47] Liu M, Chai X, Xu W, et al. Optimizing accounting for data assets helpful to developing sustainable regional economies [J]. Information Resources Management Journal (IRMJ), 2024, 37 (1): 1-17.

[48] Longstaff F A, Schwartz E S. Valuing American options by simulation: A simple least-squares approach [J]. The review of financial studies, 2001, 14 (1): 113-147.

[49] Mauri L, Damiani E. Estimating degradation of machine learning data assets [J]. ACM Journal of Data and Information Quality (JDIQ), 2021, 14 (2): 1-15.

[50] McFarland L, O'Dell D, Taylor M, et al. The CHI Institute for research and innovation virtual data warehouse - A case study of health operations partnership in development of data assets [J]. Journal of Patient-Centered Research and Reviews, 2016, 3 (3): 223.

[51] McKinnon L. Planning for the succession of digital assets [J]. Computer Law & Security Review, 2011, 27 (4): 362-367.

[52] Meiryani M, Rusmanto T, Lesmana T, et al. Blockchain technology in digitalization of recording accounting transactions [J]. Journal of Theoretical and Applied Information Technology, 2023, 101 (9): 3351-3361.

[53] Meyer M H. The power of product platforms [M]. Simon and Schuster, 1997.

[54] Milaat F A, Lubell J. Layered security guidance for data asset management in additive manufacturing [J]. Journal of Computing and Information Science in Engineering, 2024, 24 (7): 071001.

[55] OECD. Exploring the economics of personal data: A survey of methodologies for measuring monetary value [J]. OECD digital economy papers, 2013 (220): 40.

[56] Parker G, Van Alstyne M, Jiang X. Platform ecosystems: How developers invert the firm [J]. Social Science Electronic Publishing, 2017, 41 (1): 255-266.

[57] Perrons R K, Jensen J W. Data as an asset: What the oil and gas sector can learn from other industries about "Big Data" [J]. Energy Policy,

2015 (81): 117-121.

[58] Peterson R E. A cross section study of the demand for money: The United States, 1960-1962 [J]. The Journal of Finance, 1974, 29 (1): 73-88.

[59] Qian Z, Chao C. A preliminary study on the accounting treatment of data assets of E-commerce enterprises under the C2C model [J]. Academic Journal of Business & Management, 2024, 6 (6).

[60] Ritter A, Wells P. Identifiable intangible asset disclosures, stock prices and future earnings [J]. Accounting & Finance, 2006, 46 (5): 843-863.

[61] Ritter J, Mayer A. Regulating data as property: A new construct for moving forward [J]. Duke L. & Tech. Rev., 2017 (16): 220.

[62] Saporito P L. Applied insurance analytics: A framework for driving more value from data assets, technologies, and tools [M]. Pearson Education, 2015.

[63] Saunders A, Brynjolfsson E. Valuing information technology related intangible assets [J]. Mis Quarterly, 2016, 40 (1): 83-110.

[64] Song W, Hai M, Wang J, et al. Research on the architecture of power grid data asset management system based on data asset space model [J]. IOP Conference Series: Earth and Environmental Science, 2018, 186 (5): 012036.

[65] Sun X, Du Z. Enhancing capital market efficiency: The role of data assets disclosure in reducing stock price synchronicity [J]. International Review of Economics & Finance, 2024 (94): 103351.

[66] Tian Y, Kong Q, Miao X, et al. Evaluation on power information data asset management system based on BP neural network [J]. International Journal of Thermofluids, 2023 (20): 100458.

[67] Tony H. Protecting data assets in a perilous cyber world [J]. The Journal of Government Financial Management, 2017, 66 (3): 26-31.

[68] Tsai C F, Lu Y H, Yen D C. Determinants of intangible assets

value: The data mining approach [J]. Knowledge – Based Systems, 2012 (31): 67 – 77.

[69] Von Sanden N, Neideck G. Learnings from the development of public sector multi – source enduring linked data assets [J]. Australian Journal of Social Issues, 2021, 56 (2): 288 – 300.

[70] Wang A. Research on accounting treatment and information presentation of enterprise data assets [J]. E3S Web of Conferences. EDP Sciences, 2021 (251): 01054.

[71] Wang J, Li Y, Song W, et al. Research on the theory and method of grid data asset management [J]. Procedia computer science, 2018 (139): 440 – 447.

[72] Wang Y L, Zhang H J. Data asset value assessment literature review and prospect [C]. Journal of Physics: Conference Series. IOP Publishing, 2020, 1550 (3): 032133.

[73] Wei Y, Zhang J, Cheng M, et al. Does data asset disclosure contribute to the market efficiency? Evidence from China [J]. Research in International Business and Finance, 2024 (73): 102549.

[74] Wu J Q, Zhang M. Research on data asset pricing based on bargaining model [J]. Procedia Computer Science, 2023 (221): 601 – 608.

[75] Xu T, Shi H, Shi Y, et al. From data to data asset: Conceptual evolution and strategic imperatives in the digital economy era [J]. Asia Pacific Journal of Innovation and Entrepreneurship, 2023, 18 (1): 2 – 20.

[76] Yakel E. Digital assets for the next millennium [J]. OCLC Systems & Services: International digital library perspectives, 2004, 20 (3): 102 – 105.

[77] Yiu M L, Assent I, Jensen C S, et al. Outsourced similarity search on metric data assets [J]. IEEE Transactions on knowledge and data engineering, 2010, 24 (2): 338 – 352.

[78] You J, Lou S, Mao R, et al. An improved FMEA quality risk assess-

ment framework for enterprise data assets [J]. Journal of Digital Economy, 2022, 1 (3): 141–152.

[79] Yuan Z, Yu X, Jiang Y, et al. Current status and governance of data assets monetization in the global maritime industry: A comparative study of the United States, Europe, and China [J]. Ocean & Coastal Management, 2024 (251): 107078.

[80] Zhang P, Xu Y, Luo F, et al. Power big data: New assets of electric power utilities [J]. Journal of Energy Engineering, 2019, 145 (3): 04019009.

[81] Zhang Q. An introduction to accounting recognition and measurement of data assets [J]. Acad. J. Bus. Manag, 2023 (5): 15.

[82] Zhao Y. The influence mechanism of data asset management regulation and new quality productivity on innovation [J]. Journal of Statistics and Economics (ISSN: 3005–5733), 2024, 1 (1): 35.

[83] Zhou X, Zhang B. Valuation of enterprise data assets by using the improved multi-period excess-earnings method [J]. Journal of Industry and Engineering Management, 2023, 1 (3): 25.

[84] 安小米, 白献阳, 洪学海. 政府大数据治理体系构成要素研究——基于贵州省的案例分析 [J]. 电子政务, 2019 (2): 2–16.

[85] 巴曙松, 侯畅, 唐时达. 大数据风控的现状、问题及优化路径 [J]. 金融理论与实践, 2016 (2): 23–26.

[86] 白永秀, 李嘉雯, 王泽润. 数据要素: 特征、作用机理与高质量发展 [J]. 电子政务, 2022 (6): 23–36.

[87] 包冬梅, 范颖捷, 李鸣. 高校图书馆数据治理及其框架 [J]. 图书情报工作, 2015, 59 (18): 134–141.

[88] 曾楠楠. 企业数据资产会计核算研究 [D]. 中南林业科技大学, 2023.

[89] 曾艳. 欧洲数据战略实施成效对我国制造业数字化转型路径借鉴 [J]. 商展经济, 2024 (13): 73–76.

[90] 陈芳,余谦. 数据资产价值评估模型构建——基于多期超额收益法[J]. 财会月刊,2021(23):21-27.

[91] 陈刚,颜斌斌,汤珂. 数据的要素化与资产化:理论辨析与实践探索[J]. 国际经济评论,2024(5):153-176.

[92] 陈宏民,熊红林,胥莉,杨云鹏,卓训方. 基于平台视角下的数据交易模式及特点分析[J]. 大数据,2023(2):56-66.

[93] 陈琨. 数据资产化现状与数据资产增值路径探讨[J]. 时代金融,2021(20):64-66.

[94] 陈晓红,肖粲然,曹文治,张威威,刘咏梅. 我国统一数据要素大市场框架体系与建设路径研究[J]. 中国工程科学,2024(8):1-11.

[95] 陈一洪. 商业银行数据治理:体系框架与实施路径[J]. 南方金融,2024(4):89-99.

[96] 程学旗,靳小龙,王元卓,等. 大数据系统和分析技术综述[J]. 软件学报,2014,25(9):1889-1908.

[97] 程永新. 大数据时代的数据资产管理方法论与实践[J]. 计算机应用与软件,2018,35(11):326-329.

[98] 崔二伟. 企业数据资产会计处理研究——以科大讯飞为例[J]. 国际商务财会,2024(10):79-83+91.

[99] 崔吉峰,杨栋枢,王维佳,董媛媛. 数据资产化管理研究及体系架构设计[J]. 微型电脑应用,2016,32(1):40-43.

[100] 邓刚宏,刘乐. 数据资产市场定价机制的局限性及其法治构想[J]. 上海大学学报(社会科学版),2024,41(4):1-13.

[101] 翟丽丽,王佳妮,何晓燕. 移动云计算联盟企业数据资产评估方法研究[J]. 价格理论与实践,2016(2):153-156.

[102] 丁道勤. 基础数据与增值数据的二元划分[J]. 财经法学,2017(2):5-10+30.

[103] 丁玟文,庞智强. 数据资产的分类与估值方法[J]. 统计与决策,2024,40(15):34-39.

[104] 杜振华，茶洪旺. 数据产权制度的现实考量 [J]. 重庆社会科学，2016（8）：19-25.

[105] 杜紫竹. 浅析商业银行数据资产要素市场化的实施路径 [J]. 商业观察，2023（32）：66-69.

[106] 端利涛. 数据提前金融化的表现、弊端与治理机制——基于数据流通逻辑视角 [J]. 当代经济管理，2024（10）：1-10.

[107] 冯科. 数字经济时代数据生产要素化的经济分析 [J]. 北京工商大学学报（社会科学版），2022，37（1）：1-12.

[108] 冯丽丽，胡鑫娜，赵雪琦. 基于生命周期理论的数据资产估值研究——以哔哩哔哩为例 [J]. 会计之友，2024（13）：15-21.

[109] 符文娟，梅瑾瑾. 关于数据资产财务核算的研究 [J]. 财务与会计，2022（8）：46-50.

[110] 高华，姜超凡. 应用场景视角下的数据资产价值评估 [J]. 财会月刊，2022（17）：99-104.

[111] 高书东. 企业数据资产管理内控体系构建探究——基于 COSO 内部控制框架五要素 [J]. 西部财会，2024（7）：61-63.

[112] 耿汉威. 数据资产会计分类确认及后续计量 [J]. 财务与会计，2022（10）：81.

[113] 郭实，孟浩，程博恩. 数据资产运营：政府部门与市场机构的探索——从数据资产入表谈起 [J]. 金融市场研究，2024（9）：63-71.

[114] 韩海庭，原琳琳，李祥锐，屈秀伟，孙圣力. 数字经济中的数据资产化问题研究 [J]. 征信，2019，37（4）：72-78.

[115] 韩秀兰，崔梦韬，李宝瑜. 国内数据资产研究现状和研究前沿分析 [J]. 统计与决策，2024，40（12）：18-23.

[116] 何玉长，王伟. 数据要素市场化的理论阐释 [J]. 当代经济研究，2021（4）：33-44.

[117] 侯彦英. 数据资产会计确认与要素市场化配置 [J]. 会计之友，2021（17）：2-8.

[118] 胡海波，娄策群．数据开放环境下的政府数据治理：理论逻辑与实践指向 [J]．情报理论与实践，2019，42（7）：41-47．

[119] 胡良霖，王丽娜，王瑞丹，郭德鑫，朱艳华，高瑜蔚，孙毅．数据要素价值演进路径研究 [J]．数据与计算发展前沿，2024（5）：1-9．

[120] 黄海．会计信息化下的数据资产化现状及完善路径 [J]．企业经济，2021，40（7）：113-119．

[121] 黄乐，刘佳进，黄志刚．大数据时代下平台数据资产价值研究 [J]．福州大学学报（哲学社会科学版），2018，32（4）：50-54．

[122] 黄奇帆．数字化、区块链重塑全球金融生态 [J]．全球化，2019（12）：9-15+134．

[123] 黄倩倩，王建冬，陈东，莫心瑶．超大规模数据要素市场体系下数据价格生成机制研究 [J]．电子政务，2022（2）：21-30．

[124] 黄倩倩，赵正，刘钊因．数据流通交易场景下数据质量综合管理体系与技术框架研究 [J]．数据分析与知识发现，2022，6（1）：22-34．

[125] 黄世忠，叶丰滢，陈朝琳．数据资产的确认、计量和报告——基于商业模式视角 [J]．财会月刊，2023，44（8）：3-7．

[126] 黄悦昕，罗党论．数据资产入表：现状、挑战与对策 [J]．财会月刊，2024，45（16）：55-60．

[127] 纪婷婷，甘似禹，刘春花，戴炳荣．数据资产化与数据资产增值路径研究 [J]．管理观察，2018（18）：157-160．

[128] 贾岚岚．基于多期超额收益法改进的互联网企业数据资产价值评估——以美团为例 [J]．国际会计前沿，2024，13（3）：291-299．

[129] 焦勇，齐梅霞．数据要素如何驱动企业价值创造——基于融通创新视角 [J]．经济发展研究，2024（2）：63-76．

[130] 金帆，裴志锋，杜慧娴．数据资产融入会计学科体系研究 [J]．财务管理研究，2024（6）：17-24．

[131] 金耀．数据治理法律路径的反思与转进 [J]．法律科学（西北政法大学学报），2020，38（2）：79-89．

[132] 金耀. 数字治理逻辑下数据财产权的限度与可能 [J]. 暨南学报（哲学社会科学版），2022，44（7）：29-43.

[133] 康旗，韩勇，陈文静，刘亚琪. 大数据资产化 [J]. 信息通信技术，2015，9（6）：29-35.

[134] 寇宗来. 关于数字经济创新发展的基本逻辑思考——从数据资产到数据资本的演进 [J]. 新金融，2024（6）：11-14.

[135] 黎安润泽，牛力，王睿. 积聚、激活与实现：新质生产力背景下企业档案数据要素价值化探析 [J]. 档案学通讯，2024（5）：1-15.

[136] 李秉祥，任晗晓. 大数据资产的估值 [J]. 会计之友，2021（21）：127-133.

[137] 李炳森，胡全贵，陈小峰，高秉强. 电网企业数据中台的研究与设计 [J]. 电力信息与通信技术，2019，17（7）：29-34.

[138] 李春秋，李然辉. 基于业务计划和收益的数据资产价值评估研究——以某独角兽公司数据资产价值评估为例 [J]. 中国资产评估，2020（10）：18-23.

[139] 李菲菲，关杨，王胜文，张海涛，杜文强. 信息生态视角下供电企业数据资产管理模型及价值评估方法研究 [J]. 情报科学，2019，37（10）：46-52.

[140] 李凤华，李晖，牛犇，邱卫东. 数据要素流通与安全的研究范畴与未来发展趋势 [J]. 通信学报，2024，45（5）：1-11.

[141] 李国和，冯峥，王卓瑜，孙勇，郭阳，散齐国. 数据资产管理体系研究 [J]. 电信科学，2019，35（2）：105-112.

[142] 李海舰，赵丽. 数据成为生产要素：特征、机制与价值形态演进 [J]. 上海经济研究，2021（8）：48-59.

[143] 李辉，梁丹丹. 企业数字化转型的机制、路径与对策 [J]. 贵州社会科学，2020（10）：120-125.

[144] 李静，邱文欣，王锋. 央企数据价值与数据资产管理体系的创新实践 [J]. 质量与认证，2024（7）：50-53.

[145] 李静萍. 数据资产核算研究 [J]. 统计研究, 2020, 37 (11): 3-14.

[146] 李晴, 刘海军, 张海峰. "数实"融合: 数字经济分类治理的框架、逻辑与进路 [J]. 北京理工大学学报 (社会科学版), 2024, 26 (4): 164-175.

[147] 李诗, 陈志威, 徐钰, 吴欢, 田雪, 李可亦. 数据资产会计处理模式探析——基于龙马环卫案例 [J]. 财会月刊, 2021 (24): 67-74.

[148] 李雅雄, 倪杉. 数据资产的会计确认与计量研究 [J]. 湖南财政经济学院学报, 2017, 33 (4): 82-90.

[149] 李祎恒, 申松. 论数据"三维权利链"的确权模式 [J]. 江苏社会科学, 2024 (4): 141-150.

[150] 李永红, 李金鹭. 互联网企业数据资产价值评估方法研究 [J]. 经济研究导刊, 2017 (14): 104-107.

[151] 李永红, 张淑雯. 数据资产价值评估模型构建 [J]. 财会月刊, 2018 (9): 30-35.

[152] 李雨霏, 刘海燕, 闫树. 面向价值实现的数据资产管理体系构建 [J]. 大数据, 2020, 6 (3): 45-56.

[153] 李泽红, 檀晓云. 大数据资产会计确认、计量与报告 [J]. 财会通讯, 2018 (10): 58-59+129.

[154] 李喆, 欧阳日辉, 王宇奇, 傅腾宇. 数据资源成本核算机制的逻辑与实践 [J]. 价格理论与实践, 2024 (5): 50-54.

[155] 梁艳. 互联网企业数据资产价值评估 [D]. 河北经贸大学, 2020.

[156] 廖东声. 数字资产估值问题研究 [J]. 会计之友, 2022 (13): 2-9.

[157] 廖屹峰, 罗春华. 数据资产入表审计实践的难点与应对研究——基于新发展格局视角 [J]. 财会通讯, 2024 (5): 1-7.

[158] 林飞腾. 大数据资产及其价值评估方法: 文献综述与展望

［J］．财务管理研究，2020（6）：1-5.

［159］林飞腾．基于成本法的大数据资产价值评估研究［J］．商场现代化，2020（10）：59-60.

［160］刘冰．论企业数据资产产权的初始取得、流通与保护［J］．上海政法学院学报（法治论丛），2024，39（4）：70-86.

［161］刘国英，周冬华．IASB概念框架下数据资产准则研究［J］．财会月刊，2021（21）：66-71.

［162］刘琦，童洋，魏永长，陈方宇．市场法评估大数据资产的应用［J］．中国资产评估，2016（11）：33-37.

［163］刘树锋．大数据和人工智能时代下数据安全的风险及应对策略［J］．网络安全技术与应用，2024（2）：54-56.

［164］刘晓晗．中国企业数据资源入表的实践探索、发展趋势与路径建构［J］．城市观察，2024（4）：4-18+159.

［165］刘新宇．大数据时代数据权属分析及其体系构建［J］．上海大学学报（社会科学版），2019，36（6）：13-25.

［166］刘玉．浅论大数据资产的确认与计量［J］．商业会计，2014（18）：3-4.

［167］刘悦欣，夏杰长．数据资产价值创造、估值挑战与应对策略［J］．江西社会科学，2022，42（3）：76-86.

［168］刘云波．数据、数据资产及其价值评估［J］．中国资产评估，2023（5）：51-56.

［169］柳江，刘培淇．电商企业数据资产估值研究——以焦点科技为例［J］．财会月刊，2024，45（18）：105-110.

［170］龙卫球．数据新型财产权构建及其体系研究［J］．政法论坛，2017，35（4）：63-77.

［171］龙卫球．再论企业数据保护的财产权化路径［J］．东方法学，2018（3）：50-63.

［172］龙文潮．数据资产审计风险探析［J］．国际商务财会，2024

（11）：74－77.

［173］陆岷峰，欧阳文杰．关于新时期数据资产要素市场化的目标、原则及路径的研究——以商业银行数据资产为例［J］．新疆社会科学，2023（5）：43－56.

［174］陆岷峰，欧阳文杰．数据要素市场化与数据资产估值与定价的体制机制研究［J］．新疆社会科学，2021（1）：43－53＋168.

［175］陆旭冉．大数据资产计量问题探讨［J］．财会通讯，2019（10）：59－63.

［176］罗玫，李金璞，汤珂．企业数据资产化：会计确认与价值评估［J］．清华大学学报（哲学社会科学版），2023，38（5）：195－209＋226.

［177］罗维颖，游战武，刘峻宏，杨心怡．企业数据资产的会计确认与计量研究——以京东为例［J］．财务管理研究，2024（8）：35－42.

［178］吕铁．传统产业数字化转型的趋向与路径［J］．人民论坛·学术前沿，2019（18）：13－19.

［179］吕伊姝，王孝松．数据产权与数据价值市场化配置研究［J］．经济学家，2024（6）：76－85.

［180］马丹，郁霞．数据资产：概念演化与测度方法［J］．统计学报，2020，1（2）：15－24.

［181］马费成，孙玉姣，熊思玥，王文慧．三大数据资产化路径探析［J］．信息资源管理学报，2024，14（5）：1－10.

［182］马费成，王文慧，孙玉姣，熊思玥．数字产业化与产业数字化协同发展中的数据价值实现［J］．信息资源管理学报，2024，14（4）：4－15.

［183］马广惠，安小米．政府大数据共享交换情境下的大数据治理路径研究［J］．情报资料工作，2019，40（2）：62－70.

［184］马涛，刘秉源．跨境数据流动、数据要素价值化与全球数字贸易治理［J/OL］．国际经济评论，2024（2）：1－26.

［185］马殷春．数字经济背景下数据资产会计确认与计量问题研究［J］．中国集体经济，2024（12）：125－128.

[186] 穆勇，王薇，赵莹，邵熠星．我国数据资源资产化管理现状、问题及对策研究［J］．电子政务，2017（2）：66－74．

[187] 倪渊，李子峰，张健．基于 AGA－BP 神经网络的网络平台交易环境下数据资源价值评估研究［J］．情报理论与实践，2020，43（1）：135－142．

[188] 聂文彦，岳雅静，姚丽．数据资产的确认、计量和报告：从理论到实践［J］．商业会计，2024（11）：32－36．

[189] 欧阳日辉，杜青青．数据估值定价的方法与评估指标［J］．数字图书馆论坛，2022（10）：21－27．

[190] 欧阳日辉，龚伟．基于价值和市场评价贡献的数据要素定价机制［J］．改革，2022（3）：39－54．

[191] 欧阳日辉．数据资产的金融属性及其实现路径［J］．科技中国，2023（11）：32－36．

[192] 欧阳日辉．数据资产化与金融化融合发展的理论机理和实现路径［Z］．延边大学学报（社会科学版），2024（3）：48－58＋141．

[193] 潘爱玲，李广鹏．数字经济时代企业数据价值释放的路径、挑战与对策［J］．理论与改革，2024（4）：163－174．

[194] 彭辉．数据权属的逻辑结构与赋权边界——基于"公地悲剧"和"反公地悲剧"的视角［J］．比较法研究，2022（1）：101－115．

[195] 彭金龙．基于区块链的数据定价和交易平台［D］．浙江大学，2022．

[196] 彭娜．数据资产价值评估面临的挑战及应对措施［J］．财务与会计，2022（14）：74－75．

[197] 彭雪涛．美国高校数据治理及其借鉴［J］．电化教育研究，2017，38（6）：76－81．

[198] 乔鹏程，杜庆璋．数据资产入表的合规性风险挑战与应对研究［J］．财务管理研究，2024（6）：25－31．

[199] 秦荣生．企业数据资产的确认、计量与报告研究［J］．会计与

经济研究，2020，34（6）：3-10.

[200] 邱玥. 大数据时代的数据买卖 [N]. 光明日报，2015.

[201] 阮咏华. 基于财务视角的数据资产化重点与难点研究 [J]. 商业会计，2020（4）：4-7.

[202] 上官鸣，白莎. 大数据资产会计处理探析 [J]. 财务与会计，2018（22）：46-48.

[203] 申卫星. 论数据产权制度的层级性："三三制"数据确权法 [J]. 中国法学，2023（4）：26-48.

[204] 盛小平，郭道胜. 科学数据开放共享中的数据安全治理研究 [J]. 图书情报工作，2020，64（22）：25-36.

[205] 石艾鑫，邰鼎，谢婧. 互联网企业数据资产价值评估体系的构建 [J]. 时代金融，2017（14）：109+112.

[206] 时明涛. 大数据时代企业数据权利保护的困境与突破 [J]. 电子知识产权，2020（7）：61-73.

[207] 宋杰鲲，张业蒙，赵志浩. 企业数据资产价值评估研究 [J]. 会计之友，2021（13）：22-27.

[208] 宋书勇. 企业数据资产会计确认与计量问题研究 [J]. 会计之友，2024（2）：95-101.

[209] 宿鑫芳，闫禹. 企业数据资产价值评估研究 [J]. 合作经济与科技，2024（17）：107-109.

[210] 隋敏，姜皓然，毛思源. 数据资产价值评估：理论、实践与挑战 [J]. 会计之友，2024（11）：141-147.

[211] 孙玮. 企业数据资源入表的难点及对策探讨 [J]. 上海企业，2024（9）：78-80.

[212] 孙永尧，杨家钰. 数据资产会计问题研究 [J]. 会计之友，2022（16）：153-160.

[213] 孙湛，郭明军，曾丽. 权益保护视角下全国一体化数据登记体系建设研究 [J]. 电子政务，2024（10）：1-12.

[214] 谭红旭, 张嘉欣. 对数据资产入表问题的思考 [J]. 财会月刊, 2024 (11): 68-73.

[215] 谭明军. 论数据资产的概念发展与理论框架 [J]. 财会月刊, 2021 (10): 87-93.

[216] 谭睿, 熊金武, 魏志恒. 企业数据资产金融创新的实践、难点与对策 [J]. 金融博览, 2024 (7): 24-25.

[217] 谭佐财. 论数据产权登记的制度构建 [J]. 当代法学, 2024, 38 (4): 86-97.

[218] 唐莉, 李省思. 关于数据资产会计核算的研究 [J]. 中国注册会计师, 2017 (2): 87-89.

[219] 陶怡. 数据资产的计量和确认问题研究 [J]. 商业观察, 2024, 10 (13): 97-100.

[220] 陶怡然. 基于AHP法的平台数据资产价值评估研究 [D]. 中国矿业大学, 2019.

[221] 滕明明. 数据要素流动与数据资产入表: 关系、风险与对策 [J]. 国际商务财会, 2024 (13): 30-33.

[222] 田杰棠, 刘露瑶. 交易模式、权利界定与数据要素市场培育 [J]. 改革, 2020 (7): 17-26.

[223] 王爱国. 数据资源入表的三大基本理论问题 [J]. 财会月刊, 2024, 45 (17): 26-30.

[224] 王虎, 宋良荣. 数据资产价值测度研究进展综述 [J]. 财会月刊, 2024, 45 (13): 66-71.

[225] 王建伯. 数据资产价值评价方法研究 [J]. 时代金融, 2016 (12): 292-293.

[226] 王竞达, 刘东, 付家成. 数据资产的课税难点与解决路径探讨 [J]. 税务研究, 2021 (11): 68-73.

[227] 王静, 王娟. 互联网金融企业数据资产价值评估——基于B—S理论模型的研究 [J]. 技术经济与管理研究, 2019 (7): 73-78.

[228] 王蕾, 李春波. 数据资产及其价值评估方法: 研究综述与展望 [J]. 中国资产评估, 2022 (7): 4-10.

[229] 王利明. 数据何以确权 [J]. 法学研究, 2023 (4): 56-73.

[230] 王鹏, 张路阳. 从数据资产化看企业数据资产管理 [J]. 企业管理, 2024 (8): 55-60.

[231] 王莎莎. 数据资产及其价值评估方法研究 [J]. 商业观察, 2024, 10 (14): 81-83+87.

[232] 王劭恒. 商业银行数据资产入表和确责机制探讨 [J]. 银行家, 2024 (6): 117-120.

[233] 王世杰, 刘喻丹. 论数据资产的确认及计量 [J]. 财会月刊, 2023, 44 (8): 85-92.

[234] 王伟, 汪祥耀. 新质生产力导向下数据资源入表热点问题探讨 [J]. 会计之友, 2024 (9): 48-56.

[235] 王文平. 大数据交易定价策略研究 [J]. 软件, 2016, 37 (10): 94-97.

[236] 王艳丽, 王沁冉. 数据概念的体系性建构 [J]. 经济问题, 2024 (7): 38-48.

[237] 王玉兰. 基于层次分析法的数据资产评估模型研究 [D]. 天津商业大学, 2018.

[238] 王玉林, 高富平. 大数据的财产属性研究 [J]. 图书与情报, 2016 (1): 29-35+43.

[239] 魏晓菁, 陈峰, 董媛媛. 数据资产可信度评估模型研究 [J]. 计算机应用, 2015, 35 (S2): 170-173.

[240] 吴超. 从原材料到资产——数据资产化的挑战和思考 [J]. 中国科学院院刊, 2018, 33 (8): 791-795.

[241] 吴红蕊, 肖威. 基于改进多期超额收益法的互联网企业数据资产价值评估 [J]. 广东轻工职业技术学院学报, 2024, 23 (4): 11-20+44.

[242] 吴江, 袁一鸣, 贺超城, 钱龙, 杜乐, 缪佳蕊. 数据要素交易

多边平台研究：现状、进路与框架［J］．信息资源管理学报，2024（3）：4－20．

［243］伍中信，毛政珍，吴寓聪，张荣武．产权保护导向的数据资产会计处理［J］．会计之友，2024（13）：8－14．

［244］夏文蕾，吴昀璟，余辉，陈晓芳．数据资产评估与定价：基于"开发—应用—风险"三维模型［J］．财会月刊，2024（9）：1－7．

［245］夏义堃．试论数据开放环境下的政府数据治理：概念框架与主要问题［J］．图书情报知识，2018（1）：95－104．

［246］夏义堃．试论政府数据治理的内涵、生成背景与主要问题［J］．图书情报工作，2018，62（9）：21－27．

［247］夏义堃．数据要素市场化配置与深化政府数据治理方式变革［J］．图书与情报，2020（3）：14－16．

［248］夏义堃．政府数据治理的国际经验与启示［J］．信息资源管理学报，2018，8（3）：64－72＋101．

［249］夏义堃．政府数据治理的维度解析与路径优化［J］．电子政务，2020（7）：43－54．

［250］肖旭，伍志燕．数智化背景下企业会计数据要素价值创造逻辑与实践推进策略［J］．财会月刊，2024，45（12）：22－27．

［251］肖雪娇，杨峰．互联网企业数据资产价值评估［J］．财会月刊，2022（18）：126－135．

［252］邢天才，张宇．数据资产如何赋能制造业企业融资能力［J］．山西财经大学学报，2024，46（8）：59－71．

［253］熊巧琴，汤珂．数据要素的界权、交易和定价研究进展［J］．经济学动态，2021（2）：143－158．

［254］熊艳，裴潇．企业数据资产会计核算研究——以阿里巴巴为例［J］．中国注册会计师，2022（3）：111－116．

［255］徐玖玖．从"数据"到"可交易数据"：数据交易法律治理范式的转向及其实现［J］．电子政务，2022（12）：80－89．

[256] 徐敏,李芳. 数据资产入表对审计流程的影响及应对——以地级市国有平台A集团公司为例[J]. 财会月刊,2024,45(17):93-102.

[257] 徐攀,李杰义. 企业数据资产入表路径:框架与实践[J]. 财会月刊,2024,45(7):58-62.

[258] 徐涛,尤建新,曾彩霞,等. 企业数据资产化实践探索与理论模型构建[J]. 外国经济与管理,2022,44(6):3-17.

[259] 徐漪. 大数据的资产属性与价值评估[J]. 产业与科技论坛,2017,16(2):97-99.

[260] 许宪春,张钟文,胡亚茹. 数据资产统计与核算问题研究[J]. 管理世界,2022,38(2):16-30+2.

[261] 杨东,高一乘. 赋能新质生产力发展:企业数据资产"确权"的三重维度[J]. 商业经济与管理,2024(4):83-93.

[262] 杨嘉歆,杨梓秋. 数据资产会计处理的问题研究:文献综述[J]. 财务管理研究,2024(8):11-17.

[263] 杨俊,李小明,黄守军. 大数据、技术进步与经济增长——大数据作为生产要素的一个内生增长理论[J]. 经济研究,2022,57(4):103-119.

[264] 杨力. 论数据交易的立法倾斜性[J]. 政治与法律,2021(12):2-11.

[265] 杨明,冯宏霖,王鑫,霍吉东,焦绪国,张恒. 数据要素市场研究综述:价值、定价与交易[J]. 网络与信息安全学报,2024,10(3):1-19.

[266] 杨训,周遊. 数据资产核算可行性分析[J]. 合作经济与科技,2016(16):151-153.

[267] 姚佳. 数据要素市场化的法律制度配置[J]. 郑州大学学报(哲学社会科学版),2022,55(6):43-50.

[268] 叶雅珍,刘国华,朱扬勇. 数据资产化框架初探[J]. 大数据,2020,6(3):3-12.

[269] 叶雅珍，刘国华，朱扬勇．数据资产相关概念综述［J］．计算机科学，2019，46（11）：20－24．

[270] 叶雅珍，朱扬勇．数据资产增值减值因素分析［J］．大数据，2024，10（2）：32－42．

[271] 尹传儒，金涛，张鹏，王建民，陈嘉一．数据资产价值评估与定价：研究综述和展望［J］．大数据，2021，7（4）：14－27．

[272] 尹西明，林镇阳，陈劲，林拥军．数据要素价值化动态过程机制研究［J］．科学学研究，2022，40（2）：220－229．

[273] 尹振涛，陈媛先，徐建军．平台经济的典型特征、垄断分析与反垄断监管［J］．南开管理评论，2022（3）：213－226．

[274] 余鹏，李艳．大数据视域下高校数据治理方案研究［J］．现代教育技术，2018，28（6）：60－66．

[275] 苑泽明，宋雨倩，于翔．数据资产共享、供应链配置多元化与企业价值［J］．统计与决策，2024，40（17）：172－177．

[276] 苑泽明，尹琪，于翔．数据资产如何赋能企业高质量发展——对传统生产要素的优化机制［J］．西部论坛，2024，34（3）：54－73．

[277] 苑泽明，于翔，李萌．数据资产信息披露、机构投资者异质性与企业价值［J］．现代财经（天津财经大学学报），2022，42（11）：32－47．

[278] 苑泽明，张永安，王培琳．基于改进超额收益法的企业数据资产价值评估［J］．商业会计，2021（19）：4－10．

[279] 张驰．数据资产价值分析模型与交易体系研究［D］．北京交通大学，2018．

[280] 张浩．数据资产的金融产品与金融服务创新：挑战与机遇［J］．科技与金融，2024（6）：55－56．

[281] 张军，孙瀚博．数据资产的财务舞弊风险及审计应对［J］．中国注册会计师，2024（5）：91－94．

[282] 张俊瑞，危雁麟，宋晓悦．企业数据资产的会计处理及信息列报研究［J］．会计与经济研究，2020，34（3）：3－15．

［283］张俊瑞，危雁麟. 数据资产会计：概念解析与财务报表列报［J］. 财会月刊，2021（23）：13－20.

［284］张俊瑞，危雁麟. 数据资产会计：现状、规制与展望［J］. 财会月刊，2023，44（12）：3－11.

［285］张凯. 金融数据治理的突出困境与创新策略［J］. 西南金融，2021（9）：15－27.

［286］张林，张潇然，郑阳，于思淇. 数字时代下数据资产的价值评估与治理问题研究［J］. 中国商论，2024，33（17）：1－4.

［287］张漫. 基于用户价值的短视频企业数据资产评估——以快手为例［J］. 现代商贸工业，2024，45（13）：143－145.

［288］张闪闪. 企业数据资产价值评估简析［J］. 商业经济，2024（7）：161－164.

［289］张素华. 数据资产入表的法律配置［J］. 中国法学，2024（4）：229－249.

［290］张一鸣. 数据治理过程浅析［J］. 中国信息界，2012（9）：15－17.

［291］张永忠，张宝山. 构建数据要素市场背景下数据确权与制度回应［J］. 上海政法学院学报（法治论丛），2022，37（4）：105－124.

［292］张哲，王英，马海群. 数字生态视角下公共数据安全保障体系研究［J］. 现代情报，2024（9）：1－13.

［293］张志刚，杨栋枢，吴红侠. 数据资产价值评估模型研究与应用［J］. 现代电子技术，2015，38（20）：44－47＋51.

［294］赵海益，李霄蔚，刘妍. 数据"入表"后转让定价方法完善研究［J］. 会计之友，2024（17）：142－147.

［295］赵丽，李杰. 大数据资产定价研究——基于讨价还价模型的分析［J］. 价格理论与实践，2020（8）：124－127＋178.

［296］赵丽芳，曹新宇，边琰漑. 企业数据资产创造价值的底层逻辑问题研究［J］. 会计之友，2024（6）：51－58.

[297] 赵馨燕, 吴彦明, 陈爱华, 王吉瑞, 孙祎博, 余冬根. 数据资产化: 实现环节、驱动效应与实现路径 [J]. 会计之友, 2024 (19): 1-7.

[298] 赵治纲, 曾家瑜. 数据资产化的理论逻辑与现实挑战 [J]. 中国卫生信息管理杂志, 2024, 21 (3): 331-335+360.

[299] 赵治纲. 数据资产入表的战略意义、问题与建议 [J]. 会计之友, 2024 (3): 2-6.

[300] 郑宇琦, 张欣瑞. 平台企业的市场竞争策略探讨 [J]. 商业经济研究, 2020 (6): 125-127.

[301] 周汉华. 数据确权的误区 [J]. 法学研究, 2023 (2): 3-20.

[302] 周芹, 魏永长, 宋刚, 陈方宇. 数据资产对电商企业价值贡献案例研究 [J]. 中国资产评估, 2016 (1): 34-39.

[303] 朱继军, 刘洋, 许志勇. 数据资源资产化入表风险探讨 [J]. 财会通讯, 2024 (13): 91-96.

[304] 朱俊达. 金融机构数据治理监管: 问题探究、理论回应与模式创新 [J]. 南方金融, 2024 (5): 87-99.

[305] 朱磊. 数据资产管理及展望 [J]. 银行家, 2016 (11): 120-121.

[306] 朱晓琴, 王宣童. 数字经济背景下数据资产评估研究述评与展望 [J]. 财会月刊, 2023, 44 (6): 78-84.

[307] 朱秀梅, 林晓玥, 王天东, 等. 数据价值化: 研究评述与展望 [J]. 外国经济与管理, 2023, 45 (12): 3-17.

[308] 朱扬勇, 叶雅珍. 从数据的属性看数据资产 [J]. 大数据, 2018, 4 (6): 65-76.

[309] 祝新, 邓盼盼. 基于改进超额收益法的企业数据资产价值评估 [J]. 商业观察, 2024, 10 (14): 74-80.

[310] 祝子丽, 倪杉. 数据资产管理研究脉络及展望——基于CNKI 2002—2017年研究文献的分析 [J]. 湖南财政经济学院学报, 2018, 34 (6): 105-115.

［311］庄金鑫．三类大数据交易平台模式和优劣分析［J］．中国工业论，2016（10）：109-111．

［312］邹照菊．企业大数据的资产属性辨析［J］．会计之友，2017（12）：7-12．

［313］左文进，刘丽君．大数据资产估价方法研究——基于资产评估方法比较选择的分析［J］．价格理论与实践，2019（8）：116-119+148．